Wunibald Müller
Warten auf G.

Wunibald Müller

Warten auf G.

Bekenntnisse
eines Suchenden

echter

Bibliografische Information der Deutschen Nationalbibliothek
Die Deutsche Nationalbibliothek verzeichnet diese Publikation
in der Deutschen Nationalbibliografie; detaillierte bibliografische
Daten sind im Internet über ‹http://dnb.d-nb.de› abrufbar.

1. Auflage 2019
© 2019 Echter Verlag GmbH, Würzburg
www.echter.de

Umschlag: wunderlichundweigand.de (Foto: gettyimages)
Satz: Crossmediabureau – http://xmediabureau.de
Druck und Bindung: CPI-books, Clausen & Bosse, Leck

ISBN 978-3-429-05423-6

Behaupte nur gleich, Gott wäre tot.

Oder Godot.

Halt die Schnauze. Es ist nicht bewiesen, dass Godot Gott ist, obgleich viele Wissenschaftler es dahingehend deuten.

Bewiesen ist nichts.

(Dialog zwischen Estragon und Wladimir, in: Samuel Beckett, Warten auf Godot)

Inhalt

Vorwort

Was geschieht, wenn ich meinem Zweifel nachgebe und den Gedanken zulasse, nicht mehr „selbstverständlich" davon auszugehen, dass es Gott gibt? Ich traf diese Entscheidung während eines Aufenthaltes im Kloster der Benediktiner in Tabgha, das sich in unmittelbarer Nähe des Sees Genezareth befindet. Es war für mich zunächst sehr schwer, das auszuhalten und nicht gleich in mein altes Glaubens-Muster zurückzufallen. Einfach nur zu warten, zu warten auf G., ohne genau zu wissen, worauf ich da warten musste. Und dann geschah so vieles, Überraschendes, Spannendes, Aufwühlendes. Bis schließlich nach einer Herz-OP und damit einhergehenden Dunkle-Nacht-Erfahrungen die Zeit des Wartens zu ihrem Ende kam.

Während dieser letzten Phase fiel ich immer tiefer ins Bodenlose. Eine totale Finsternis überschattete mein Leben. Stricke des Todes umfingen mich, Schrecken des Totenreichs trafen mich (vgl. Ps 116,3). Da waren nur noch Jammer, Not und Tod. „Ich rief an den Namen des HERRN: Ach, HERR, errette mich!" (Ps 116,4). Den, dessen Existenz ich nicht länger so selbstverständlich wie bisher voraussetzen wollte – und er hörte mich nicht. Er antwortete mir nicht. Zumindest zunächst. So kam es mir jedenfalls vor. Bis ich entdeckte, dass es an mir lag, dass ich ihn nicht hörte. Alles, was geschah, auch geschehen musste, um ihn, G., Gott, wieder hören und ihm nahe sein zu können.

Mit meinen „Bekenntnissen" will ich andere teilhaben lassen an meiner Suche und Auseinandersetzung. Ich will sie damit ermutigen und dabei unterstützen, mit ihren eigenen Erfahrungen von Zweifel und Leere in Kontakt zu kommen. Zweifel an Gott zuzulassen, innere Leere auszuhalten. Auch weil sie das Eingangstor für eine notwendige tiefere Auseinandersetzung mit Gott, mit Jesus, mit der Kirche sein können, Zweifel unseren Blick dafür schärfen können, was sie uns wirklich bedeuten. Was wir uns von ihnen weiterhin bewahren wollen. Aber auch, von was wir uns verabschieden müssen, damit sie für uns weiterhin von Bedeutung sein können.

Heribert Handwerk danke ich für die angenehme und unkomplizierte Unterstützung bei diesem Buchprojekt. Ich widme das Buch allen, die mich in dieser schwierigsten Zeit meines Lebens begleitet haben: meiner Frau, unseren Kindern, meinen Freunden und Freundinnen, meinen Mitpatienten und Mitpatientinnen, meinen Helfern und Helferinnen – und last, not least G.

Wunibald Müller

Teil I

Die Entscheidung

Nicht länger selbstverständlich von Gott ausgehen

Ich befinde mich auf dem Flug nach Israel. Dort will ich zwei Wochen lang im Benediktinerkloster Tabgha in einem Häuschen leben, dem sogenannten Pumphaus, das sich in unmittelbarer Nähe des Sees Genezareth befindet. Ich habe mir diesen Ort ausgesucht, da ich Mitte der 1970er Jahre ein halbes Jahr in Israel studiert und mich in dieser Zeit, so oft es ging, in Tabgha aufgehalten habe. Mehr als an anderen Orten Israels meinte ich hier in Galiläa etwas von dem Genius Loci, dem Geist Jesu, der Atmosphäre des Ortes zu spüren, an dem Jesus gelebt und gewirkt hatte. Ist ein Grund dafür, hierherzukommen, so frage ich mich, mich von diesem Geist inspirieren zu lassen, in diese Atmosphäre einzutauchen in der Hoffnung, dadurch in dieser Zeit näher bei Jesus zu sein?

Während ich diesen Gedanken nachgehe, fällt mir Irvin D. Yalom ein, einer der bekanntesten Vertreter der existentiellen Psychotherapie. Für ihn gibt es keinen Gott. Mich juckt, was er sagt. Es lässt mich nicht unberührt. Ich kann nicht einfach darüber hinweggehen und will es auch nicht. Ich kann nicht so tun, als handle es sich um die Worte eines Atheisten, die mit mir nichts zu tun haben. Denn in Wirklichkeit haben sie sehr wohl etwas, ja sogar viel mit mir zu tun. Kenne doch auch ich Zweifel, ob das, was wir uns über Gott ausgedacht haben, angefangen von seiner Existenz bis hin zu seinem Wirken in der Welt, sich wirklich so verhält, wahr ist.

Wie ist das, wie wäre das, sollte sich herausstellen, dass das alles nicht stimmt? Wir uns da nur etwas vormachen, weil wir es uns so wünschen und ersehnen? Es also keine guten Mächte gibt, von denen wir angeblich wunderbar geborgen werden. Wir keinen Grund haben, getrost darauf vertrauen zu können, was auch immer kommen mag. Die Vorstellung, Gott ist mit uns am Abend und am Morgen, nicht mehr ist als ein frommer Wunsch. Wir vielmehr an jedem neuen Tag mit der Erfahrung konfrontiert werden, alleine zu sein, und es alles andere als gewiss ist, dass Gott mit uns ist.

In der vergangenen Nacht begegnete mir Thomas Merton in einem Traum. Er gehört zu den Personen, die mich besonders faszinieren. Er, ein begnadeter Poet, Theologe und Lebenskünstler, lebte als Trappist in einem Kloster, am Ende seines eher kurzen Lebens in einer Einsiedelei auf dem Gelände seines Klosters. Tom, wie ich ihn nenne, denn über die Jahre sind wir uns innerlich vertraut geworden, reicht mir im Traum die Hand. Es ist eine kurze, herzliche, persönliche Begegnung. Sie tut mir gut. Solche Begegnungen im Traum sind für mich wie wirkliche Begegnungen und ich gehe auch davon aus, dass mich Thomas Merton in diesem Traum tatsächlich besucht. Er kommt mir etwas hektisch vor. Doch das passt zu ihm. Ich muss an Richard Rohr denken, der mich einmal besucht hat und mir bei dieser Gelegenheit die Lektüre von Eckard Tolle über das Leben im Augenblick empfahl. Ich bin selten jemandem begegnet, den ich als so ungeduldig und unter Spannung stehend erlebt habe wie Richard Rohr. Bei meiner Begegnung mit Thomas Merton im Traum versucht der etwas hektisch wirkende Tom in seiner Einsiedelei einen kleinen Fernseher unterzubringen. Ich wundere mich darüber, da nach meiner Ansicht ein Fernseher dort nichts verloren hat.

Die Begegnung mit Thomas Merton im Traum löst bei mir sofort die Assoziation aus, dass Thomas Merton mit einer Selbstverständlichkeit von Gott sprach. Er konnte plötzlich innehalten und sagen: Gott ist hier in diesem Raum. Ich kenne das auch von mir und habe mir auch immer etwas darauf eingebildet, so selbstverständlich von Gott reden zu können.

DU bist da.
Hier in diesem Raum.
DU, der Du bist der, der ich bin: da.

Während ich weiter über die Begegnung mit Thomas Merton nachsinne, muss ich an Henri Nouwen denken, der mir auch viel bedeutet und den ich seit unserer ersten Begegnung im Jahr 1980 in San Francisco über viele Jahre in den unterschiedlichsten Lebenssituationen näher kennenlernen durfte. Ein besonderes Kennzeichen für Henri ist seine innige Beziehung zu Jesus. Den Personen, die er begleitet, empfiehlt er oft, eine innige Beziehung zu Jesus zu pflegen und aus dieser innigen Jesusbeziehung zu leben. Für ihn ist Jesus ein Freund, mit dem er sich jeden Tag treffen will, vor allem auch in der täglichen Eucharistiefeier. Er trug ständig sein Messköfferchen mit sich, um überall, wo er war, selbst im Hotelzimmer, Eucharistie feiern zu können. Auch als er nach seinem ersten Herzinfarkt in einem Krankenhaus in Holland ans Bett gefesselt war, konnte er es nicht lassen, im Bett die Messe zu feiern. Kurz darauf erlitt er seinen zweiten Herzinfarkt, von dem er sich nicht mehr erholte.

Wie kann Henri, so frage ich mich, mit einer solchen Selbstverständlichkeit von Jesus und seiner Freundschaft mit ihm sprechen? Henri befasste sich viel mit Psychologie und auch die existentielle Psychotherapie mit ihrer Skepsis, was Gott und seine Existenz betrifft, war ihm sehr wohl vertraut. Ich versuche mich daran zu erinnern, ob ich mich mit ihm jemals darüber unterhalten habe, ob er deren Zweifel an Gott zumindest teilweise geteilt hat. Ich kann es mir bei ihm nicht wirklich vorstellen.

Macht er sich aber nicht etwas vor, wenn er, wie mir vorkommt, so selbstverständlich von Jesus und davon, wie wichtig eine innige Beziehung zu ihm ist, spricht? Er öfters, so mein Eindruck, von Jesus als von Gott spricht. Wie, wenn gar nichts ist, es da keinen Jesus als Gegenüber, gar als Freund gibt? Es sich dabei lediglich um sein größeres Ich, sein Selbst, eine Projektion handelt? Er sich das nur einbildet, eine innigen, Beziehung zu Jesus zu haben? Er es gerne so gehabt hätte? Kann es nicht auch sein, dass seine Depressionen, die ihn oft heimsuchten, seine Krisen oder sein großer seelischer Zusammenbruch nach dem Scheitern einer Freundschaft auch darauf zurückgeführt werden können, dass er ein Leben lang einer Illusion aufgesessen ist? Er zwar glaubte, ja zutiefst davon überzeugt war, in Jesus, hier und jetzt, einen Freund zu haben, es da in Wirklichkeit aber niemanden gab, an den er sich anlehnen konnte, der ihm Nähe und Geborgenheit schenkte? Er deswegen ständig so sehr darauf aus war, die erwünschte Nähe zu Jesus herbeizuzaubern, weil er einer Täuschung aufsaß? Es keinen Jesus gab, der ihm zuhörte, für ihn da war, Freundschaft mit ihm pflegte? Von Jesus her keine wirkliche Resonanz zu vernehmen und zu spüren war und er damit allein und emotional ungenährt zurückblieb?

Henri, so vermute ich, würde es aushalten, wenn ich ihn mit solchen Fragen und Überlegungen konfrontieren würde. Er würde sich dadurch aber auch nicht davon abhalten lassen, an die Anwesenheit Jesu zu glauben und seine Freundschaft mit Jesus weiterhin zu pflegen. So bin ich hin- und hergerissen: Da sehe ich den Skeptiker Irvin D. Yalom vor mir, der, wie er mir vor einigen Wochen schrieb, inzwischen 87 Jahre alt ist und für den es keinen Gott gibt. Dort schaue ich auf Henri Nouwen, der unbeirrt mit der allergrößten Selbstverständlichkeit an der täglichen Pflege seiner Freundschaft mit Jesus festhält. Und auf Thomas Merton, der auf eine erfrischende Art, aus tiefster Überzeugung heraus, in sein Tagebuch schreibt:

> Gott ist in diesem Raum. Er ist in meinem Herzen – so spürbar, dass es schwierig ist zu lesen oder zu schreiben. … Möge dein Feuer in mir wachsen und ich dich in deinem wunderbaren Feuer finden. Es ist sehr still, o mein Gott. Dein Mond scheint auf unsere Hügel, und dein Mondlicht scheint in meine weit geöffnete Seele, wenn alles still ist …

Das spricht mir aus dem Herzen. Darum verstehe ich auch, dass ich sehr schnell geneigt bin, mich mit Henri Nouwen und Thomas Merton zu verbünden. So habe ich es ja auch bisher immer gehandhabt. Dazu kommt, dass ich zwar die Vorstellungen von Irvin D. Yalom, dass es keinen Gott gibt, toleriere, im Innersten aber davon ausgehe und davon überzeugt bin, weiter zu sein als Irvin D. Yalom. Welch eine Anmaßung! So will ich es nicht länger halten. Vielmehr will ich mich mehr zurückhalten, wenn es darum geht, wer Recht hat. Am liebsten das schon einmal gar nicht zur entscheidenden Frage machen, wer Recht hat. Ansonsten aber will ich diese Spannung – gibt es Gott oder gibt es ihn nicht – aushalten. Auch weil mir diese Spannung ja nicht fremd ist, ich aber bisher geneigt war, sie lieber nicht ernst zu nehmen.

Also treffe ich, während ich am See Genezareth sitze, die Entscheidung, meine Zweifel auszuhalten. Nicht länger wie bisher selbstverständlich davon auszugehen, dass es Gott gibt. Damit beginnt alles. Welcher Teufel hat mich da geritten, so könnte ich mich fragen, wenn ich zurückschaue auf das, was es alles bei mir ausgelöst, freigesetzt, durcheinandergebracht hat. Aber ich kann genauso fragen: Welche Geister haben mich dazu bewogen? Unter ihnen gar die Ruach, die mir im Säuseln des Windes, der über den See Genezareth dahinwehte, zuflüsterte, genau das zu tun? Gar G. selbst …? Doch eilen wir den Dingen nicht voraus.

Am Anfang steht das Warten

Am Anfang steht das Warten. Jetzt, nachdem die Entscheidung gefallen ist. Doch worauf warte ich? Dass etwas passiert? Jemand kommt? Bin ich nicht eher darauf eingestellt, dass nichts kommt? Ich nicht davon ausgehe, dass, wenn ich nur lange genug ausharre, G. sich meldet? Oder was oder wer auch immer. Doch lüge ich mir nicht in die Tasche, wenn ich so tue, als ob ich es wirklich darauf ankommen lassen will? Weil ich, wenn ich tief in mich hineinschaue, doch in Wirklichkeit davon ausgehe, dass G. sich melden wird? Es ja gar nicht anders sein kann? Ich es ja auch so will? Es ihn natürlich gibt? Je mehr ich mich gegen solche Gedanken wehre, desto lauter wird die Stimme in mir, die mir vorhält: Du weißt doch jetzt schon, dass du am Ende zu dem Ergebnis kommen wirst, dass es Gott irgendwie gibt. Du kannst, willst ja gar nicht von ihm lassen. Allein der Gedanke, du könntest zu dem Ergebnis kommen, hier einem Schwindel aufgesessen zu sein, treibt dir ja jetzt schon den Angstschweiß auf die Stirn. Du kannst und willst dir das gar nicht vorstellen.

Nein, ich meine es ernst damit. Ich will das ernsthaft durchbrechen. Will es wirklich aushalten und warten – nur, auf was? Ich weiß es nicht. Ich will mich überraschen lassen, hoffend, dass es keine böse Überraschung geben wird, wollte ich gerade schreiben, und schon erwische ich mich, wie ich ergänzen will: von Gott. Hier zeigt es sich wieder. Mein ganzes Denken ist so sehr auf ihn ausgerichtet, dass ich mir gar nichts anderes vorstellen kann. Ist mir das so sehr antrainiert worden? Handelt es sich dabei um etwas Aufgesetztes, Gemachtes? Oder ist es einem tieferen Ursprung zu verdanken? Also, ist die Sehnsucht nach Gott in uns eingepflanzt worden?

Ist diese anscheinend automatische Hinwendung zu Gott aufgesetzt, will ich es unterlaufen, zum Einsturz bringen. Liegt die Quelle dafür tiefer, wird es sich zeigen. Meine Entscheidung, nicht selbstverständlich von der Existenz und dem Wirken Gottes auszugehen, soll mich aber nicht daran hindern, während der Zeit, in der ich mich hier in Tabgha aufhalte, an den Gebetszeiten der Mönche und der Eucharistiefeier teilzunehmen. Ich will diese Spannung – Gott gibt es nicht, Gott ist nicht da und es gibt Gott, Gott ist da – aushalten.

So warte ich. Sitze da und warte. Wie jetzt in aller Frühe, während ich vor meinem Häuschen sitze und auf den See Genezareth schaue. Ich bin gerade vom Oratorium zurückgekommen, wo ich mit den Mönchen die Laudes gebetet habe. Eine eigenartige Angst macht sich in mir breit. Lebensangst oder Todesangst? Angst, hilflos dem Leben ausgesetzt zu sein. Für einen Moment blicke ich hinter den Vorhang, der mich sonst davor schützt, in meinen Abgrund zu schauen, meiner Bodenlosigkeit gewahr zu werden. Der Tatsache, dass es in mir eine große Leere gibt, ich letztlich alleine bin, sosehr ich auch versuche, mir eine Welt zu schaffen, die mir vertraut ist und in der ich mich mit anderen Menschen verbunden weiß.

Für einen Moment wird mir bewusst, wie sehr ich mir da etwas vormache. Angst erfasst mich, versucht mich, mit sich zu ziehen. Ich wehre mich nicht. Sie zieht sich von alleine wieder zurück. Jetzt nehme ich sie nur noch ganz zaghaft im Hintergrund wahr. Sind das schon die ersten Auswirkungen meiner Entscheidung, nicht länger selbstverständlich davon auszugehen, dass es Gott gibt? Gott nicht länger für etwas herhält, für das er bisher herhalten musste: meine Lebensangst, die zugleich auch meine Todesangst ist, in Schach zu halten?

Tatsache ist doch:
Es gibt kein echtes Gegenüber

In der Vigil beten wir Psalm 63:

> Gott, du mein Gott, dich suche ich,
> meine Seele dürstet nach dir.
> Nach dir schmachtet mein Leib
> wie dürres, lechzendes Land ohne Wasser

Ich bete den Psalm mit. Doch ich halte mich zurück. Führe die Worte nicht zu meinem Herzen, so dass sie dort auch nicht eindringen. Ich gehe nicht in den Worten auf, wie ich es von früher her kenne, wenn ich diesen Psalm bete. Ich bremse mich bewusst. Ich will mich nicht zu schnell in ein Gefühl hineinsteigern. Auch wenn ich mich früher und bis jetzt dafür starkgemacht habe, sich ganz dem Durst nach Gott hinzugeben, sich in Gott zu verlieben. To fall in love with God. Sich wie in einer menschlichen Liebesbeziehung in die Liebe zu Gott hineinfallen zu lassen. So wie es einem ergehen kann, wenn man den Swimmingpool entlang geht und, eh man sichs versieht, in ihn hineinfällt.

Ich kenne diese Erfahrung. In der Beziehung zu Menschen und in der Beziehung zu Gott. Es passiert dann einfach. Aber ist das wirklich Gott, in den ich mich da verliebe? „Ruhelos ist unser Herz, bis es ruhet in dir", schreibt Augustinus. Ja, ruhelos ist unser Herz, ruhelos ist auch mein Herz oft. Doch findet es Ruhe in Gott? Der Theologe Ronald Rolheiser erzählt von einem Mann, der auf dem Weg ist zu einer Prostituierten, bei der er glaubt zur Ruhe zu kommen. In Wirklichkeit aber, so meint Ronald Rolheiser, sei er auf der Suche nach Gott. Auch nach Ansicht des Psychiaters Gerald G. May (2003), eines Pioniers unter den Personen, die sich um einen Dialog zwischen Medizin und Spiritualität bemühen, kann allein Gott unsere tiefste Sehnsucht stillen. Kann man das wirklich so sagen? Vielleicht findet man ja weder da noch dort Ruhe? Wer will auf der anderen Seite ausschließen, dass dieser Mann in den Armen der Prostituierten, einer Person, die er wirklich spürt, wenigstens für einige Momente die ersehnte Ruhe findet, während er bei Gott vergeblich bis auf den Sankt-Nimmerleins-Tag darauf wartet?

Ich bin mir unsicher. Mache ich da nicht auch etwas aus Gott, was er gar nicht ist, wenn ich – davon ausgehend, dass es ihn überhaupt gibt – meine, mich in ihn verlieben zu können? Mache ich es mir da nicht zu einfach? Vermenschliche ich ihn damit nicht zu sehr? Oder mache ich mir da überhaupt etwas vor? Steigere ich mich in ein Gefühl hinein, wo am Ende nichts anderes übrig bleibt als eine Einbildung? Oder mache ich mir, wenn ich in einem Hymnus den Wunsch an Gott äußere, „lass mich ein wenig bei dir ruhen", und ich das Gefühl habe, mich wirklich in der Nähe Gottes aufzuhalten und zur Ruhe zu kommen, da nicht nur einfach etwas vor?

Ich vielleicht zur Ruhe komme, das aber nichts mit Gott zu tun haben mag.

Warum mache ich es mir so schwer? Warum gönne ich mir nicht einfach die Ruhe, die sich einstellt, wenn ich bete: „Lass mich ein wenig bei dir ruhen"? Ist es nicht ein Unding, hier bei angenehmem Frühlingswetter am See Genezareth zu sitzen, dem Zwitschern der Vögel und der Stille zu lauschen und dabei Gott loslassen oder gar loswerden zu wollen? Zumindest die Bilder, die Gefühle, die ich von ihm in mir trage und erlebe? Solche Zeiten wie hier am See Genezareth sind doch dafür da, die Beziehung zu Gott zu pflegen, sich wieder neu auf ihn einzulassen. Sich, wie es heute Morgen P. Jonas in der Eucharistiefeier sagte, seiner Anwesenheit zu vergegenwärtigen. Gerade hier, an diesem Ort, der in der Tradition mit dem Wunder der Brotvermehrung in Zusammenhang gebracht wird. So habe ich das früher auch gesehen und praktiziert. So macht man es auch bei den Exerzitien. Man schenkt Gott wieder mehr Aufmerksamkeit, intensiviert in dieser Zeit den Kontakt mit ihm.

Genau das aber macht mich hellhörig und führt nicht dazu, meine Entscheidung zu kippen und wieder, wie ich es bisher gewohnt war, in die vertraute Beziehung zu Gott einzuklinken. Ich werde stutzig. Fülle ich in solchen Zeiten wie den Exerzitien auf, was in mir leer geworden ist? Weil tatsächlich nichts da ist, wenn ich nichts nachfülle? Bei dem, was da ist, es sich aber sowieso um nicht mehr als meine Gedanken über Gott, meine Gefühle ihm gegenüber handelt? Meine eingebildete Beziehung zu Gott? Keineswegs aber um Gott? Eine Beziehung, bei der es kein wirkliches Gegenüber gibt? Ich mir daher immer wieder etwas über Gott vormachen und von ihm erzählen lassen muss, weil das, was ich gehört habe, verblasst ist? Der Vorrat an Gottwissen aufgebraucht ist? Damit aber

Exerzitien zu Tagen werden, an denen der vergebliche Versuch unternommen wird, den nicht vorhandenen Gott und die eigentlich vorhandene Leere zu überspielen, statt sie auszuhalten?

Exerzitien als Gottesverzicht

Meine Exerzitien hier in Tabgha am See Genezareth sollen in die andere Richtung gehen. Sie sollen dazu beitragen, es auszuhalten, nicht von vornherein selbstverständlich davon auszugehen, dass es Gott gibt, er da ist, fühlsam ist. Das ernsthaft auszuhalten. Also auf G. zu warten, ob er, sollte es ihn geben, sich meldet. Oder was auch immer geschieht, wenn ich es durchhalte.

Wenn er anklopft, werde ich ihm Einlass bei mir gewähren. Aber solange will ich warten, so schwer es mir auch fallen mag. Mir fällt der 87-jährige Jehuda Bacon ein, der auf die Frage, wo Gott in Auschwitz gewesen sei, antwortete: „Gott ist da, wo man ihn hereinlässt" (in: Jessen 2017, 40). Diese Aussage macht mich nachdenklich. Was heißt das für mich, meine Entscheidung? Sie besagt nicht, dass ich Gott ablehne, ihm bewusst den Zugang zu mir verwehre. Warum sollte ich das auch tun? Es sagt lediglich, dass ich nicht von vornherein davon ausgehe, dass er da ist, gar bei mir, in mir ist. Ich nehme es nicht länger als selbstverständlich gegeben an. Ich schließe es aber auch nicht aus. Mit meinem Warten drücke ich ja auch schon aus, dass ich ganz und gar nichts dagegen habe, wenn er auftaucht. Vielmehr es mir sogar wünsche. So wie ich auf jemanden warte, den ich gerne treffe, wiedersehen oder überhaupt erst kennenlernen möchte. Man denke an die Person, nach der man sich sehnt. Mit der man sein Leben teilen will. Also: Meldet sich

G., klopft er bei mir an, ist er willkommen. Wenn er aber nicht kommt, ich umsonst auf ihn warte, was dann? Ich werde sehen.

Da ist sie wieder: die Angst, die aufsteigt in mir bei dem Gedanken, dass es Gott vielleicht wirklich nicht gibt, er sich nicht meldet. Mein Warten umsonst ist. Brauche ich Gott, um meine Angst zu beruhigen, sie in Schach zu halten? Wie oft habe ich in der Vergangenheit zu Gott gerufen „Ich fürchte kein Unheil, denn du bist bei mir" und dabei erfahren dürfen, wie sich meine Seele beruhigte. Wenn Gott aber nun gar nicht bei mir ist, er mir keinen Mut macht, mich nicht beruhigt, weil er schlicht und einfach gar nicht da ist, es ihn schon einmal gar nicht gibt? Ja, was dann? Ist er dann bisher nur ein Placebo gewesen, das manchmal, wie das ja bei Placebos der Fall ist, gewirkt hat? Das aber kann es doch nicht sein. Das wäre ja erbärmlich. Das wäre mir auch zu billig. Das lehne ich ab für mich. Dann verzichte ich lieber auf „Gott".

Genau das könnte auch Gott sagen: Ich kann warten

Ich warte, bin gespannt, wie es weitergeht. Was geschieht. Ob etwas geschieht. Ich kann warten. Genau das könnte aber auch Gott sagen: Ich kann warten. Mir fällt ein Gedicht von Margaret Halaska (in: Rolheiser 2014, übers. aus dem Englischen W. Müller) ein:

Gott
klopft an meine Tür
auf der Suche nach einer Wohnung für seinen Sohn.
Die Miete ist billig, sage ich.
Ich will sie nicht mieten, sondern kaufen.

Ich weiß nicht, ob ich sie verkaufen will,
aber du kannst hereinkommen und dich umsehen.
Ich denke, dass ich das tun will, sagt Gott.
Ich überlasse dir ein oder zwei Zimmer.
Mir gefallen sie, sagt Gott, ich nehme zwei.
Du kannst dir überlegen, ob du mir eines Tages noch weitere Zimmer überlässt.
Ich kann warten, sagt Gott.
Ich würde dir gerne mehr überlassen, aber es ist etwas schwierig. Ich benötige etwas Platz für mich.
Ich weiß, sagt Gott, aber ich werde warten. Mir gefällt, was ich sehe.
Hm, vielleicht kann ich dir ja noch ein weiteres Zimmer überlassen.
Ich brauche eigentlich nicht so viel Platz.
Danke, sagt Gott, ich nehme es. Mir gefällt, was ich sehe.
Ich möchte dir das ganze Haus geben,
aber ich weiß nicht.
Denke darüber nach, sagt Gott, ich würde dich nicht rauswerfen.
Dein Haus wäre mein Haus und mein Sohn würde darin wohnen.
Du würdest mehr Platz haben als jemals zuvor.
Ich verstehe nicht, was du damit meinst.
Ich weiß, sagt Gott, aber ich kann dir das nicht erklären.
Du musst das selbst herausfinden.
Das aber kann nur geschehen, wenn du mir das ganze Haus überlässt.
Das ist ein bisschen riskant, sage ich.
Ja, sagt Gott, aber probiere es aus mit mir.
Ich weiß nicht so recht – Ich lasse es dich wissen.
Ich kann warten, sagt Gott. Mir gefällt, was ich sehe.

Was soll das? Findet da ein koketter Austausch mit Gott statt? Verhält sich das bei mir auch so? Eine Art Ping-Pong-Spiel? Begebe ich mich da nicht schon wieder auf das alte Geleis? Verfalle in das alte Denken von Gott, statt ernsthaft auf G. zu warten? Darauf zu warten, ob aus dem G. Gott wird? Oder aber es bei dem G. bleibt?

Es fällt mir schwer, am Beginn eines neuen Tages nicht mit Gott zu reden. So vertraut ist er mir in meinem Leben geworden. Gestern habe ich mich mit meiner Frau per Mail ausgetauscht. Am Schluss schreibt sie: „Gruß und Kuss". Das erwärmt mich. Es ist für mich kaum auszuhalten, mit Gott keine Mails auszutauschen. Am liebsten würde ich nicht so distanziert von G. reden, sondern schreiben: Es fällt mir schwer, nicht mit DIR, meinem Gott, in Kontakt zu treten. Aber warum mache ich es nicht einfach? Ich will warten. Also warte ich. Ich will warten, was passiert, wenn ich nicht aktiv werde. Auch um nicht, indem ich aktiv werde, damit vielleicht etwas zu überdecken: Leere, Dunkelheit in mir, vor allem aber meine Angst vor dem Leben. Ich will warten, ja ich muss warten, weil mir vieles, was Gott betrifft, als zu aufgesetzt, als zu vordergründig, eben gemacht erscheint. Das wird mir immer mehr bewusst, je länger ich bereit bin, mich auf diesen Prozess einzulassen. Vielleicht bin ich da mir selbst gegenüber zu hart und ungerecht. Vielleicht. Doch ich erlebe es so.

Mich reizt zunehmend aber auch der Gedanke, auf diese Weise G. eine Chance zu geben, mich neu entdecken zu können. Wobei das natürlich auch umgekehrt für mich gilt. Mir eine Chance zu geben, G. neu zu entdecken. So kommt es mir vor, als würden sich da zwei gegenüberstehen und sich überlegen, wer jetzt den ersten Schritt unternehmen soll. Fast wie sture Böcke, die vom jeweils anderen erwarten, den ersten

Schritt zu tun. Andererseits kann es aber auch natürlich so sein, dass sich hier zwei einfach etwas Zeit lassen, den anderen auf sich wirken zu lassen, sich nicht zu schnell, eben zu selbstverständlich auf etwas einlassen wollen, was man dann später möglicherweise bedauert.

Jesus als stinknormaler junger Mann

Heute mache ich von Tabgha aus zusammen mit Michael, Professor für Geographie aus Halle, den ich hier kennengelernt habe, einen Ausflug nach Bethsaida, den Ort, an dem Jesus die meisten Wunder wirkte. Ich versuche mich in Jesus hineinzuversetzen. Stelle mir vor, wie Jesus hier durch das Städtchen geht und mit den Leuten ins Gespräch kommt. Der Jesus, den ich mir vorstelle, ist nicht der überhöhte Jesus, wie ich ihn von manchen theologischen oder liturgischen Texten her kenne. Auch ist es nicht der Jesus, der mir in groß aufgemachten Filmen oder auf kitschigen Bildern von ihm begegnet.

Wobei es ja auch Filme über Jesus gibt, die ihn als einen ganz normalen Menschen zeigen. Ich denke etwa an den Jesusfilm von Piere Paolo Pasolini *Das Erste Evangelium*. Als Jugendlicher fand ich diesen Film langweilig. Er war mir zu wenig spektakulär. Genau das ist es aber, was ihn ja auszeichnet gegenüber den sentimentalen Hollywoodschinken oder auch im Vergleich zu so manchen kirchlichen oder folkloristischen Inszenierungen über das Leben und Sterben Jesu. Er ist unspektakulär.

Der Jesus, den ich vor mir sehe, während ich durch die Straßen von Bethsaida laufe, ist ein stinknormaler junger Mann, der in sich spürt, dass er den Menschen etwas zu sagen hat. Er hat eine besondere Antenne für Gott, verfügt über einen besonders starken Resonanzboden für das Göttliche. Wobei Letzteres zunächst gar nicht im Vordergrund steht. Es ist zunächst und zuerst die Person Jesus, der hier unter und mit seinesgleichen lebt. Aus demselben Holz wie sie geschnitzt ist. Ich muss in diesem Zusammenhang an den protestantischen Theologen Helmut Thielicke denken, der in seinen Erinnerungen seine erste Begegnung mit dem berühmten Theologen Rudolf Bultmann schildert: Ein Mann steht vor seiner Tür, klingelt Sturm, klopft vehement an die Tür, als sie nicht gleich geöffnet wird. Der Grund für das stürmische Verhalten: Er muss dringend auf die Toilette gehen. Das ist Entmythologisierung pur. Der berühmte Theologe Bultmann, der für die Entmythologisierung des Neuen Testamentes steht, wird in dieser Situation, die jeder von uns kennt, zu einem bedürftigen Mitmenschen. Würde ich einen Film über Jesus drehen, würde er mit einer solchen Szene beginnen. Jesus, der in großer Not stürmisch an eine Tür klopft.

Ich setze meinen Gang durch Bethsaida fort. Eine Gedenktafel erinnert an meinen verstorbenen Lehrer Bargil Pixner, bei dem ich während meines damaligen Aufenthaltes in Israel Archäologie studierte. Pater Bargil schrieb ein Buch mit dem Titel *Das fünfte Evangelium*. Er will damit darauf aufmerksam machen, dass es, wenn man Jesus kennenlernen will, nicht nur um das geht, was er gesagt hat. Dass es auch wichtig ist, den Ort, wo er das gesagt hat, die Atmosphäre des Ortes, den Genius loci, mit einzubeziehen. Nur wenn wir das mit einbeziehen, bekommen wir ein Gefühl für Jesus, bekommen wir einen Geschmack von dem, wonach Jesus schmeckt. Bleibt es nicht bei einem leblosen theologischen Traktat über Jesus, der einen kaltlässt.

Also, sage ich mir, nutze die Zeit dafür! Tauche ein in die Landschaft, in die Atmosphäre, die dich umgibt! Lass dich durch Überlegungen und Zweifel, ob es Gott tatsächlich gibt, nicht davon abhalten! Du bist doch gerade an einem Ort, von dem es im Neuen Testament heißt, dass sich Jesus hierher zurückzog. Mache es ihm also gleich! Statt dich weiterhin solchen Spielchen hinzugeben, ob es Gott gibt oder nicht, nutze die Zeit, an diesem Ort deine Jesus- und Gottesbeziehung zu vertiefen!

In mir meldet sich Protest. Das sind keine Spielchen. Ich könnte sehr schnell wieder diese Richtung einschlagen und meine Beziehung zu Gott und zu Jesus pflegen. Es gibt Momente, in denen ich nichts lieber als genau das tun würde: innehalten, innerlich Kontakt mit Gott und Jesus aufzunehmen. Hier in Bethsaida, in Erinnerung an Jesus, der sich an diesem Ort oft aufgehalten hat, Eucharistie zu feiern; inmitten der Ruinen, die an die Zeit, als er da war, erinnern; umgeben von einer Landschaft, die er so gesehen und erlebt hat, wie ich es augenblicklich tue. Ja, es hat für mich etwas unheimlich Verführerisches an sich, wieder in den alten Modus zurückzugleiten, so dass ich mich regelrecht dagegen auflehnen muss, es nicht zu tun, so stark drängt es mich in diese Richtung. Ich werde diesem Drängen und Verlangen aber nicht nachgeben. Ich werde die Seite in mir unterstützen, die sich darauf eingestellt hat, zu warten.

Die Sterne werden zu meinen Homilien

Ich sitze am See Genezareth. Eine angenehme Brise ist aufgekommen. Sie verbreitet eine wohltuende Frische, während mich die Sonne wärmt. Es ist gut so, wie es gerade ist. Hier zu sitzen. Zu schreiben. Dem Rauschen der Bäume zu lauschen. In Erinnerungen einzutauchen. Gott soll sich im

Säuseln des Windes bemerkbar machen. Ich kann warten. Ich habe Zeit.

Ich weiß, ich bin nicht konsequent. Ich will es aushalten, einmal „ohne" Gott zu leben, und dennoch nehme ich am Stundengebet der Mönche teil. In den Texten, die wir beten, strotzt es nur so von Aussagen, wie „ich bin dein Gott", „ich bin der einzige Gott". Warum muss man das so oft betonen? Es erinnert mich an die Mormonen, die nach jedem persönlichen Bekenntnis ein besonderes Bekenntnis für ihren Gründer Joseph Smith abgeben, in dem sie bezeugen, dass das, was er sagt, die Wahrheit ist. Hat man vielleicht Zweifel, dass es nicht so sein könnte und man deshalb es immer und immer wieder herausstreichen muss?

Ich sitze vor dem Pumphaus mit Blick auf den See und lese einige Texte von Kardinal Martini, der die letzten Jahre seines Lebens hier im Heiligen Land verbrachte und den ich sehr schätze. Was ich lese, empfinde ich allerdings als belanglos, erscheint mir irgendwie abgedroschen. Ich tue ihm da sicher unrecht. Aber so kommt es bei mir an. Ich richte meine Aufmerksamkeit auf den See und spüre, dass mir das guttut und im Augenblick genügt. Ich sitze einfach da, lausche, schaue über den See. Manchmal sitze ich auch am Abend oder mitten in der Nacht hier, schaue zum Himmel, auf den Halbmond, die Sterne. Hier brauche ich keine Worte, keine Predigten. Die Stille, die Vögel mit ihrem Singen, der See, der Himmel und die Sterne werden zu meinen Homilien. Von ihnen kann ich nicht genug bekommen. Frieden kehrt bei mir ein. Ich bin ganz bei mir.

Jetzt würde ich gerne ergänzen: Und DU bist bei mir. Vielleicht ist es ja so. Aber ich weiß es nicht. Es sei denn ... Ja, was? Es sei denn, du meldest dich.

DU,
wenn es dich gibt,
melde dich.

Ich kann warten und ich werde warten
auf G.,
auf DICH?

In einer Vorlesung erwähnte mein theologischer Lehrer Rolf Zerfass folgende kleine Geschichte: Der Religionslehrer fragt seine Klasse: Was ist das: Es ist rot, hat einen buschigen Schwanz und springt von Ast zu Ast? Ein Schüler antwortet: Eigentlich ist das ja ein Eichhörnchen, aber wie ich den Laden hier kenne, ist das bestimmt das liebe Jesulein.

Läuft das bei mir auch darauf hinaus? Ich hinter allem Gott vermute, in Wirklichkeit es aber „nur" das Eichhörnchen ist? Wo doch das Eichhörnchen an sich schon ein kleines Wunder ist, und das genügt.

Die Sehnsucht, die nicht zur Ruhe kommt

Ich wache auf. Will, wie ich es gewohnt bin, mit Gott Kontakt aufnehmen. Ich spüre meine Sehnsucht nach ihm. Alles in mir schreit nach Gott. Ist das lediglich eine Gewohnheit? Oder hat sich da in der Nacht, während ich schlief, tief in mir etwas angesammelt, angestaut, das in dem Augenblick, in dem ich aufwache, danach verlangt, sich Ausdruck zu verschaffen? Ich in diesem Moment, wenn ich aufwache und noch ganz umfangen bin von der Welt meiner Träume, des Unbewussten, noch in Berührung bin mit meiner ungetrübten Sehnsucht nach Gott.

Thomas Merton spricht öfters vom point vierge, was man wörtlich mit „jungfräulicher Punkt" übersetzen könnte. Darunter versteht er einen unberührten oder unversehrten Bereich, vielleicht auch nur einen Punkt oder Funken im Zentrum unseres Seins, mit dessen Hilfe wir für einen Moment etwas unentstellt sehen können. Wir erleben das manchmal auf eine geradezu überwältigende Weise, wenn wir einen Sonnenaufgang betrachten, den Moment, wenn die Sonne aufgeht und den Himmel in ihr einzigartiges Licht eintaucht. Dieser Moment des Übergangs von Nacht zu Tag kann ein solcher unberührter Augenblick sein. In diesem kurzen Augenblick ist die Welt noch in Ordnung. Es ist der Moment, in dem über allem noch eine unbeschreibbare Unschuld liegt. Sobald die Sonne aufgegangen ist, ist es vorbei mit dem atemberaubenden Panorama, das uns in Staunen versetzt. Es wird abgelöst von der Nüchternheit der grell scheinenden Sonne.

In diesen unschuldigen Momenten befinde ich mich in einer Art status nascendi. Einem Zustand, bei dem ich noch so unverdorben, so „rein", bin, dass ich empfänglich bin für Dinge, für die später kein Resonanzboden mehr bei mir vorhanden zu sein scheint. Das aber würde doch bedeuten, dass ich dieser Sehnsucht folgen sollte. Es letztlich nicht die Geschichten und Wahrheiten über Gott sind, die dafür verantwortlich sind, dass ich ihn nicht mehr vergessen kann, ihn nicht mehr loswerde, nicht loslassen kann. Es vielmehr unabhängig von diesen Geschichten eine Sehnsucht in mir gibt, die nicht von ihm lassen kann. Eine Sehnsucht, die in bestimmten Situationen und Augenblicken auf sich aufmerksam macht und Bahn bricht? Müsste ich dann nicht meine Sehnsucht zulassen? Oder soll ich meine Sehnsucht bremsen, um konsequent zu sein und meine Gottesabstinenz durchzuhalten? Ich entscheide mich, weder das eine noch das andere zu forcieren. Ich lasse alles in mir zu, was ich spüre, und warte ab, wohin es mich führt. Ob G. etwas davon mitbekommt? Ich von ihm eine Resonanz darauf erhalten werde?

Mir gehen Worte des Propheten Hosea (11,1.3–4) durch den Kopf, besser durch das Herz. Worte, die mir vertraut sind. Sehnsucht in mir wecken. Sehnsucht nach G. Zu gerne würde ich einschwingen in sie, mich von ihnen innerlich mitnehmen lassen. Sie auf mich beziehen. Was kann, sollte mich auch davon abhalten? Da sagt doch Hosea tatsächlich von Gott:

Als Israel jung war, gewann ich ihn lieb.
Ich lehrte Ephraim gehen und nahm ihn auf meine Arme.
Sie haben nicht erkannt, dass ich sie heilen wollte.
Mit menschlichen Fesseln zog ich sie an mich,
mit den Ketten der Liebe
Ich war für sie wie Eltern, die den Säugling an ihre Wangen heben.
Ich neigte mich ihm zu und gab ihm zu essen.

Das ist ja gut, denke ich mir. Ein Kind braucht diese Liebe. Aber ein Erwachsener? Es gibt ja auch eine Sehnsucht, die aus der Erfahrung von Einsamkeit erwächst. Wir uns nach der guten alten Zeit zurücksehnen, der Paradieswelt unserer Kindheit. Diese Sehnsucht kann sich als ein regressives Verhalten herausstellen, hinter dem die Weigerung steht, der Wirklichkeit ins Gesicht zu sehen, mich dem Leben zu stellen, bereit zu sein, mich auf die eigenen Füße zu stellen. Doch es gibt keinen Weg zurück in die Paradieswelt, mag ich es drehen und wenden, wie ich will.

Die Sehnsucht soll mich nach vorne tragen, mich dazu anspornen, nach vorne zu gehen. Das gilt auch für die Sehnsucht nach Gott. Die Sehnsucht nach mehr. Die Sehnsucht, Gott nahe zu sein. Die Sehnsucht nach Gott, die unerfüllt bleibt, bis sie, so glaubt Augustinus, Ruhe findet in Gott. Aber ist das so? Ich bin bisher auf dieser Welle mitgeschwommen, habe mich in meinem Sehnen darin wiedergefunden. Zumindest glaubte ich das. Ja, ich habe versucht, diese Sehnsucht anderen schmackhaft zu machen.

Auch bei dieser Sehnsucht geht es letztlich um den Versuch, unsere Einsamkeit zu überwinden. Jetzt aber nicht, indem wir uns in eine anscheinend heile Welt der kindlichen Paradieswelt flüchten. Uns bleibt nichts anderes übrig, als zu versuchen, mit dem Göttlichen in Berührung zu kommen, während wir uns zugleich mit beiden Füßen auf dem Boden der Wirklichkeit befinden. Das aber können wir nicht einfach „machen". Wir müssen unser Alleinsein aushalten und durch den Schmerz hindurchgehen, der uns heimsucht, wenn wir uns von allen unrealistischen Erwartungen verabschieden und sie wirklich hinter uns lassen. Wir müssen durch die Hölle gehen, uns einem Läuterungsprozess stellen, um schließlich verwandelt zu werden. Es ist der Weg nach innen, den wir gehen müssen. Der Weg in unsere Tiefe. Um schließlich, wenn wir durchhalten, in uns an den Ort zu gelangen, an dem wir dem Grenzenlosen, Gott, nahe sind, ihn berühren.

Das klingt alles so gut, ist aber dann, wenn es wirklich darum geht, diesen Weg zu gehen, alles andere als „gut", sondern Schwerstarbeit. Was aber sagt das mir, wenn ich mir Gedanken mache über die Sehnsucht nach Gott und dabei an den Hosea-Text denke? Ist da nicht zu viel Romantik mit ihm Spiel, frage ich mich. Lebst du noch immer in dieser Paradieswelt? Die du endlich verlassen musst, um erwachsen zu werden, auch in deiner Beziehung zu Gott. Ist es das, was dich dazu bewogen hat, nicht länger selbstverständlich davon auszugehen, dass es Gott gibt? Du damit die Vertreibung aus dem Paradies einleiten willst?

Ich sitze da und warte. Es ist kühler geworden. Ich schaue auf den See, lausche dem Gesang der Vögel. Sie sind recht munter. „Wir *sind* die Sehnsucht Gottes", lese ich bei Richard Rohr (2012, 15). „Gott sehnt sich nach uns. Er sehnt sich nach Leben und Liebe durch uns und in uns." Woher Richard Rohr das alles weiß? Jetzt, da ich mir eine Abstinenz auferlegt habe, was Gott betrifft, wird mir immer mehr bewusst, mit welcher Selbstverständlichkeit wir viel von Gott reden. Ich genau das auch getan habe. Und Gott, sollte es ihn geben, sich nicht dagegen wehren kann. Wie oft überfahren und überfordern wir aber damit andere. Dabei kommen wir uns oft noch recht toll vor, vielleicht sogar den anderen überlegen. Ich muss an einen Freund denken, der sich recht abschätzig über manche esoterisch angehauchte Texte bei Todesanzeigen äußerte. Da hätten wir als Christen doch mit unserem Glauben an die Auferstehung etwas ganz anderes anzubieten. Was mich betrifft, so finde ich es im Nachhinein fast peinlich und bedaure es, manchmal so unsensibel gegenüber meiner Umgebung gewesen zu sein.

Für mich bleibt aber die entscheidende Frage: Gibt es so etwas wie eine ursprüngliche, aus einer tiefen Sehnsucht heraus geborene Erfahrung von Gott? Und das jenseits aller geschichtlichen Religionen, der Theologie, kirchlicher Lehre? Die ja gegebenenfalls selbst das „Ergebnis" einer solchen Erfahrung sind. Ist uns die Sehnsucht nach der Ewigkeit, wie es im Buch Kohelet heißt, von Gott eingepflanzt worden? Eine Sehnsucht, die durch Religionen, Theologie, Lehre eher erstickt als gefördert wird.

Eine Person, bei er ich diese Sehnsucht, die die Religionen übergreift, spüre, ist für mich Madeleine Delbrêl. Sie konnte ihm einfach nicht aus dem Weg gehen. Sie konnte nicht von ihm lassen. Der Weg, den sie gegangen ist, das, was sie schreibt, sprechen mich an. Sie, ihre Person, überzeugen mich. Dass sie eine Kettenraucherin war, macht sie mir nur noch sympathischer, weil sie dadurch so schön menschlich bleibt. Bei ihr gilt für mich, was Jesus im Johannesevangelium (12,45) von sich sagt: „Wer mich schaut, schaut den, der mich gesandt hat."

Meine Begegnung mit Jesus

Ich besuche Chorazin, die Stadt, der Jesus schwere Vorwürfe macht ob der schlimmen Taten, die dort geschehen sind. „Wehe dir, Chorazin!", ruft er aus. Es ist die Stadt, in der die meisten seiner Taten geschehen sind. Auch einige seiner Jünger kommen von hier. Ich weiß nicht mehr, was die Bewohner dieser Stadt getan haben, um bei Jesus so schlecht wegzukommen. Es ist mir im Moment auch nicht so wichtig. Viel stärker ist bei mir das Gefühl, an einem Ort zu sein, in einer Gegend mich aufzuhalten, in der sich Jesus die meiste Zeit seines öffentlichen Wirkens aufgehalten hat. Er hier in dieser überschaubaren Umgebung, dem sogenannten biblischen Dreieck, zu dem neben den Orten Chorazin auch noch Bethsaida und Kafarnaum gehören, gelebt und gewirkt hat. Diese Vorstellung hat etwas Aufregendes an sich. Da wird etwas konkret, fassbar.

Es fasziniert mich, mir vorzustellen, wie Jesus durch diese Gegend wandert, diese Landschaft erlebt und erspürt. Er sieht, was ich jetzt sehe; er hier durch die Straßen geht, umgeben von seinen Anhängern, und Leute ins Gespräch verwickelt. Er mal ernst dreinschaut, dann wieder lacht. Sich einladen lässt, es genießt, wenn ihm von einer schönen Frau die Füße gewaschen werden, er auch einen guten Schluck Wein nicht verachtet. Das Gerede vom Säufer und Fresser macht ihn mir nur noch sympathischer. Ein Neutestamentler meinte einmal, dass der Titel „Säufer und Fresser", dem ihm manche verliehen haben, der einzige gesicherte Hoheitstitel sei. Ich stelle mir weiter vor, wie er mit dem, was er sagt, viele auf die Palme bringt, andere wieder sich von dem, was er, oft auch provozierend, sagt, angesprochen fühlen. Sie sich ihm deshalb anschließen. Er sie offensichtlich so sehr beeindruckt, dass sie ihr Leben von ihm, von dem, was er sagt, bestimmen lassen wollen.

Aber begegne ich hier in Chorazin, hier in Nordgaliläa, Jesus? „Dem Leben Jesu auf der Spur" heißt der Titel des Buches von Carlo M. Martini, in dem ich immer wieder lese. Ich nehme es in die Hand und lese: „Gott liebt uns zuerst. Er ist es, der immer die Initiative ergreift. Die Initiative Gottes ist eine Gabe, Jesus ist der Ursprung, der Anfang, das Vorbild all dessen, was wir als Einzelne, als Kirche sind" (53). Was kann ich mit einer solchen Aussage anfangen? Muss ich etwas damit anfangen können? Solche Sätze, Behauptungen, habe ich oft gehört. Auch anderen vielleicht gepredigt. Was mir von diesem Satz, während ich mich hier am See Genezareth aufhalte, ins Auge springt, sind die Worte: „Jesus ist der Ursprung, der Anfang, das Vorbild all dessen, was wir als Einzelne, als Kirche sind." Welch ein Anspruch! Wie hoch wird da die Latte gelegt. Wie weit entfernt davon jeder Einzelne, die Kirche sind. Wie sehr bewegen wir uns doch neben der Spur, seiner Spur. Der Spur jenes Mannes Jesus, der von hier aus, wie ich es jetzt tue, auf den See geschaut hat. Wo entdecke ich seine Spur? Wie komme ich auf seine Spur? Wo entdecke ich diesen Jesus des Ursprungs?

Ich stelle mir vor: Ich sitze wie so oft am See vor dem Pumphaus. Da kommt Jesus in Gedanken versunken vorbei. Er will sich offensichtlich, wie er das immer wieder einmal tut, in die Stille zurückziehen. Dafür eignen sich der Platz hier am See oder der Berg nebenan recht gut. Ich spreche ihn an, nehme damit in Kauf, ihn bei seinem Schweigegang zu stören, und lade ihn zu einer Tasse Kaffee ein. Er schaut etwas erschrocken wirkend auf, lächelt mich dann aber an und nimmt meine Einladung an. Er nimmt neben mir auf dem Stuhl, den ich aus meinem Zimmer heranschaffe, Platz. Wir schauen uns kurz an und ich fange ohne große Überleitung an, von mir zu erzählen. Meiner Familie, meiner Arbeit, meinem Leben. Er hört mir aufmerksam zu.

Dann fordere ich ihn auf, mir doch auch etwas von sich zu erzählen. Das tut er dann auch. Er braucht jetzt einmal ein paar Tage Ruhe. Die Leute nerven ihn zunehmend. Sie sind so verhaftet in ihrem alten Denken. Glauben ihm nicht, was er von sich sagt. Aber er kann nicht von ihnen lassen, weil er davon überzeugt ist, ihnen etwas geben zu können, was andere ihnen nicht geben können. Wir kommen jedenfalls gut miteinander ins Gespräch.

Irgendwann fange ich an, auch über das zu reden, was mich im Augenblick beschäftigt und, wie ich feststellen muss, auch ihm auf dem Herzen liegt. Wie das wohl ist mit Gott? Er erwähnt mit keinem Wort, dass er Gottes Sohn sei, sagt aber auch, dass er in sich ein ganz starkes Gefühl für Jahwe, den Unaussprechlichen, verspüre. Er für ihn das große DU ist, zu dem er sich sehr stark hingezogen fühle. Auch habe er den Eindruck, zunehmend unter seinem Einfluss zu stehen, Dinge zu sagen, die er so von sich selbst nicht gewohnt war zu denken, geschweige denn auszusprechen. Er sehe sich, so fährt er fort, zunehmend außer Stande, für sich richtig einzuordnen, was da im Moment in ihm ablaufe und was das zu bedeuten habe. Ja, es ihn manchmal fast verrückt mache. Auch deswegen habe er sich zurückgezogen, um darüber nachzudenken.

Es mache ihm, so meint er weiter, manchmal auch richtig Angst, wohin das führen werde, da es ihn unweigerlich wegführe von dem, was ihn bisher geprägt habe, gerade auch, was sein religiöses Denken und Tun betrifft. Er, folge er diesem von dem Unaussprechlichen ausgehenden Angezogensein, sich immer mehr aus dem Einflussbereich entferne, der für ihn, für seinen Glauben bisher bestimmend war. Das aber bringe ihn zunehmend in Konflikt mit sich selbst und denen, denen er damit auf die Füße trete und auch treten müsse, wolle er der Stimme gehorchen, der er sich zunehmend verpflichtet fühle und der er, das spüre er immer mehr, auch folgen müsse, um im Tiefsten sich selbst gegenüber treu zu bleiben.

Plötzlich wird mir bewusst, um wie viele Jahre er jünger ist als ich. Ich mehr als doppelt so alt bin wie er. Dazu kommt, dass ich zunehmend in die Rolle des Therapeuten falle, der ihm empathisch zuhört und versucht, ihn zu verstehen und zu helfen. Andererseits ist da etwas an ihm, das vom Alter unabhängig ist. Es ist die Art seiner Präsenz. Er ist ganz präsent. Er versucht nicht, mich von irgendetwas zu überzeugen. Hört mir wach zu. Nimmt das, was ich sage, wirklich in sich hinein. Er schaut mich an. Wie einer, der weiß. Der weiß um mich. Der mich versteht. Mich hört. Mich. Mich sieht. Ich schaue ihn an. Wir blicken uns gegenseitig in die Augen. Schließlich verabschieden wir uns mit einer kurzen Umarmung. Er zieht weiter. Ich bleibe sitzen – warte … Worauf, auf wen warte ich eigentlich noch? Ich lese bei Johannes (12,44f): „Wer auf mich sein Vertrauen setzt, setzt es eigentlich nicht auf mich, sondern auf den, der mich gesandt hat. Und wer mich schaut, schaut den, der mich gesandt hat."

Ich mache mich bei wunderbarem Frühlingswetter auf den Weg nach Kafarnaum. Ich gehe den See entlang. In Kafarnaum ist die Hölle los. Pilgerinnen, Touristen, Busse, dazwischen eine kleine Gruppe von Menschen, die beten. Eine Frau tanzt. Die „Stadt Jesu" heißt es stolz auf dem Ortsschild am Eingang zum Ort. Ich halte mich an der Seeseite der Stadt auf und blicke von dort auf die Reste der Stadt. Da natürlich vor allem auf die Synagoge. Die Führer erzählen, in dieser Synagoge habe Jesus gepredigt. Sie wurde aber erst einige Jahrhunderte später gebaut. Ich stehe da mit gemischten Gefühlen. Es ist gut, hier zu sein. Es hat aber nichts Erhabenes an sich. Es könnte auch sonst wo sein.

„Du bist Petrus, der Fels"

In einem Traum sehe ich auf einem Bild auf der linken Seite ganz groß Gott, auf der rechten Seite eine unscheinbare Scheune, die mich an die Scheune in unmittelbarer Nachbarschaft zu meinem Elternhaus erinnert. Gott versucht sich nach vorne und nach rechts zu bewegen. Er unternimmt verschiedene Anläufe, kommt aber nicht voran. Schließlich verwandelt er sich ebenfalls in eine Scheune, die allerdings neuer aussieht als die Scheune auf der rechten Seite. Beide Scheunen schließen die Tore. Sie stehen sich jetzt stumm, abweisend gegenüber.

Der Traum könnte ein Hinweis darauf sein, das „Entweder-oder-Denken" zu überwinden. Entweder gibt es Gott oder es gibt ihn nicht. Denn so komme ich nicht weiter. Kommt es tatsächlich, wie es im Traum der Fall ist, zum Stillstand. Ich muss an die Pascal'sche Wette denken. Der französische Philosoph Blaise Pascal (1623–1662) plädiert dafür, ohne Zögern darauf zu setzen, dass es Gott gibt, weil man nichts verlöre, wenn er nicht existiert, aber dann auf alle Fälle auf der sicheren Seite sei, wenn es doch einen Gott gibt. Das ist mir zu billig, bringt mich nicht weiter. Aber was bringt mich weiter? Im Traum geschieht eine Verwandlung. Das große Bild von Gott verschwindet. Es geht über, verwandelt sich in eine Scheune, die genauso aussieht wie die alte Scheune auf der anderen Seite, aber neuer aussieht. Ist das alles? Das ist mir irgendwie zu wenig. Vor allem behagt mir nicht, dass sich jetzt alte und neue Scheune stumm gegenüberstehen. Sie haben sich offensichtlich nichts zu sagen. Noch nicht. Da müsste aber noch etwas passieren. Warten wir es ab. Wir werden sehen.

Diesen Traum verbinde ich auch mit meinem Verständnis von Kirche. Meinem Verhältnis zu ihr. Meiner Geschichte mit ihr. Die Kirche spielt in meinem Leben eine große Rolle. Bis heute. Was hat sich da verändert? Was verändert sich da gerade? Was muss sich da verwandeln? Es ist sehr lange her, dass ich voller Begeisterung das Lied „Ein Haus voll Glorie schauet weit über alle Land" schmetterte. Ganz frisch ist dagegen die Traurigkeit, die mich ergreift angesichts einer Kirche, die im Augenblick von vielen Erschütterungen gebeutelt am Boden liegt. Wobei unter diesen Erschütterungen an erster Stelle die Missbrauchskrise steht, die in unterschiedlichen Wellen immer wieder die dunkle Seite der Kirche und ihrer vordersten Vertreter nach oben spült und damit sichtbar macht.

Von meiner Bleibe bei den Benediktinern in Tabgha sind es nur ein paar Minuten bis zur Primatskapelle. Ich begebe mich dorthin. Es ist der Ort, an dem der Tradition nach Jesus den Apostel Petrus mit dem sogenannten Petrusamt beauftragte: „Du bist Petrus, der Fels, und auf diesem Felsen will ich meine Kirche bauen." Als ich mich hier vor über 40 Jahren das letzte Mal aufgehalten habe, war ich mit einer Gruppe von Pilgern aus Bayern dort, unter ihnen auch Professor Joseph Ratzinger aus Regensburg. Ich sehe ihn vor mir, wie er aus dem Stegreif, vom damaligen Leiter der Katholischen Akademie in München dazu aufgefordert, zu den mitreisenden Pilgern ein paar Sätze zum Petrusamt sagt. Dass er einmal selbst dieses Amt wahrnehmen, er als Papst einer der Nachfolger von Petrus sein würde, war ihm zu diesem Zeitpunkt sicher nicht bewusst. Irgendetwas berührt mich, wenn ich mir diese Begebenheit in meiner Erinnerung vergegenwärtige. Da wird etwas so handgreiflich. Ich meine damit: Da gibt es eine Kontinuität, die 2000 Jahre umspannt. Da Petrus und Jesus, dort Joseph Ratzinger als Papst Benedikt XVI. Dabei ist es für mich zunächst einmal ganz egal, ob es diese Szene der Beauftragung tatsächlich gegeben hat oder nicht. Ich gehe eher davon aus, dass es sich nicht so verhielt, ganz abgesehen davon, dass, sollte sie oder etwas Ähnliches stattgefunden haben, niemand weiß, wo es geschehen ist.

Und doch: Petrus und Papst Benedikt XVI. Dazwischen liegen viele Jahrhunderte. Da hat sich vieles verändert, und das in vielerlei Hinsicht. Einer, der es wissen muss, erzählt mir, dass im Vorfeld des 80. Geburtstages von Benedikt XVI. die Erzdiözese München bei ihm anfragte, was er sich denn von München zum Geburtstag wünsche. Die Antwort ließ nicht lange auf sich warten. Der Privatsekretär des Papstes ließ die Diözese wissen, dass man sich über ein Tafelgeschirr für 20 Personen sehr freuen würde. Doch nicht genug der Bescheidenheit. Es dürfe gerne Meißner Porzellan sein. Als etwas später Kardinal Wetter mit dem Papst sprach und nebenbei erwähnte, dass das mit dem Geschenk in Ordnung gehe, reagierte der Papst erschrocken, als er erfuhr, um was es ging, da er davon nichts wusste (wie, so vermute ich, er von so manchem nichts wusste, was sein Sekretär für ihn, vielleicht sogar angeblich in seinem Namen, organisierte). Papst und Kardinal blieben aber beim Meißner Tafelgeschirr, jetzt allerdings „nur" noch für zehn Personen. Wie gesagt: Die Zeiten haben sich verändert. Da ein Petrus, der sein Fladenbrot und seinen Fisch vermutlich mit den Fingern isst, vor seiner Fischerhütte sitzend. Dort der 264. Nachfolger von ihm, wenn man sich auf diese Konstruktion einlässt, der mit seinem Privatsekretär und Gästen im päpstlichen Palast diniert und dabei Meißner Tafelgeschirr benutzt. Wie die Kirche sich doch über die Jahrhunderte, ja Jahrtausende verändert, deformiert hat.

Das alles geht mir durch den Kopf, während ich in der Primatskapelle verweile. Für eine Weile bin ich ganz alleine hier. Bin einfach da. Bete. Bete für Papst Franziskus. Er hatte gerade in einem ZEIT-Interview angedeutet, dass er sich die Weihe von bewährten Männern, den sogenannten viri probati, in Gegenden, in denen großer Priestermangel existiert, vorstellen kann. Jetzt trifft eine Pilgergruppe ein. Die einen beten, andere sprechen leise miteinander, wieder andere fotografieren. Einige berühren den eindrucksvollen Felsen, über den die Kapelle gebaut worden ist. Ich muss aufpassen, mich nicht über sie zu erheben, ihren Glauben als schlicht einzustufen. Zu denken: Die haben es einfach, ja die machen es sich einfach, und du hängst so schweren Gedanken nach, ob es Gott gibt. Es wäre vermessen, so über andere zu denken. Sei vielmehr dankbar für das, was du von ihnen lernen kannst. Wo du dich von ihnen, ihrem Glauben anstecken lassen kannst.

Gott ist unfassbar

Zwischendurch bin ich es einfach leid, mir die Gottesenthaltung aufzuerlegen. Ich komme irgendwie nicht vorwärts. Ich kann warten, bis ich schwarz werde, bis ich eine, *die* Antwort erhalte. Muss ich nicht einfach die Frage offenlassen, ob es Gott gibt oder nicht? Ist es vielleicht genau das, worum es hier für mich geht: mit der Ungewissheit zu leben, ob es Gott gibt? Das muss mich nicht davon abhalten, weiterhin zu beten. Mit Gott zu reden.

„Mit dem Verstand weiß ich, dass es keinen lieben Gott gibt, aber ich spreche oft mit ihm, das habe ich seit der Kindheit getan. Das tut mir gut, und das erlaube ich mir", sagte die inzwischen verstorbene Psychoanalytikerin Margarete Mitscherlich-Nielsen in einem Gespräch. So verhält es sich bei mir nicht, da ich ja nicht grundsätzlich ausschließe, dass es Gott gibt. Ich weiterhin eintauchen möchte in den Raum der Stille in mir, in dem ich besonders sensibel bin für die vermutete, erhoffte – ab und zu erfahrbare? – Nähe Gottes.

Ich bin nicht so richtig zufrieden mit dieser „Lösung". Auch ist es nicht wirklich eine Lösung. Und mir fällt ein: Wenn etwas gelöst ist, fehlt die Spannung. Ist es daher nicht besser, die Spannung auszuhalten? Vielleicht soll auch wieder mehr Spannung in meinen Glauben kommen. Er wieder spannender werden. Weil er vielleicht so lahm, so selbstverständlich, selbstgenügsam geworden ist. Ihm mit der Zeit die Dynamik abhandengekommen ist. Da jetzt wieder mehr Schwung hineinkommen soll. Was hat doch einer einmal gesagt: Gnade geschieht in der Spannung. Nicht in der Lösung. Solange eine Spannung besteht, auch weil noch nicht alles festgelegt ist, kann sich noch etwas bewegen, ändern, wandeln, wachsen – im Unterschied dazu, wenn alles festgelegt, anscheinend unveränderbar ist.

Während ich diesen Gedanken nachgehe, dämmert es mir, dass ich hier einen Bereich betrete, der mich mit Aspekten der Gottesfrage in Berührung bringt, die sich auf mein Gottesbild beziehen. Ich kann es noch nicht genau in Worte fassen. Jedenfalls gerät in dieser Beziehung ganz viel in Bewegung. Vielleicht kann man auch sagen: in Fluss, flow. Es lösen sich

Vorstellungen und Bilder von Gott auf, die mich vorher bestimmt, vielleicht auch besetzt haben. Gott, das Bild, das Bild von ihm, das ich in mir trage, befindet sich im flow. Es ist ja vielleicht nicht nur das Bild von ihm, das ich habe. Es ist Gott selbst, der sich im flow befindet. Der Unfassbare auch deshalb unfassbar ist, weil er sich ständig im Fluss befindet, fließt. Auch weil es keine Begriffe gibt, die sich dafür eignen, etwas auch nur einigermaßen angemessen über ihn auszusagen, man ohnehin nichts über ihn sagen kann.

Daher hatte ich in den letzten Jahren auch aufgehört, mich zu fragen, ob es Gott gibt beziehungsweise man es sozusagen beweisen kann, dass es ihn gibt. Ich weiß, keine Theologie, aber auch keine Religion oder Lehre können das leisten. Aber auch keine Bücher, die zu dem Ergebnis kommen, dass es Gott nicht gibt, überzeugen mich. Das gilt unter anderem auch für das Buch *Der Gotteswahn* von Richard Dawkins, das mir unser Sohn Thomas geschenkt hat. Richard Dawkins, der sich lieber nicht „religiös" nennt, weil für die allermeisten Menschen „Religion" das „Übernatürliche" impliziert, kommt zu dem Ergebnis, dass es Gott mit ziemlicher Sicherheit nicht gibt. Er macht, wie das auch auf andere zutrifft, die Existenz Gottes aus meiner Sicht zu sehr von äußeren Fakten, naturwissenschaftlichen Erkenntnissen, Ergebnissen der neuesten Hirnforschung usw. abhängig. Das ist für mich der falsche Weg, etwas über die Existenz oder Nichtexistenz von Gott sagen zu können.

Irgendwann war mir klargeworden, dass es so etwas wie eine innere Gewissheit gibt, dass es Gott „gibt". Das gilt auch jetzt noch und kann von mir nicht einfach auf die Seite geschoben werden. Das will und kann ich auch nicht tun. Aber es ist auch nicht mehr, freilich auch nicht weniger als eine, meine innere Gewissheit. Ich glaube nicht, dass mir ein anderer eine größere Gewissheit verschaffen könnte. Also gebe ich mich mit meiner inneren Gewissheit zufrieden. Auch wenn ich möglicherweise damit danebenliege.

So war es jedenfalls gewesen. Und wie ist es jetzt? Bin ich wirklich auch weiterhin bereit, zu meiner Entscheidung zu stehen, zumindest für eine Weile ohne Gott auszukommen, Gott loszulassen? Oder bin ich gerade dabei, in mein altes Muster zurückzufallen? Was soll ich bloß machen? Ich bin müde des Wartens. Soll ich das Warten beenden? Dann mache ich mir aber doch etwas vor. Auch wenn ich das äußere Warten beenden sollte, das innere Warten hält weiter an. Will ich also ernsthaft das Warten beenden? Dann wäre mein Warten ausgegangen wie das Hornberger Schießen. Da kündige ich etwas mit großem Getöse an, aber herauskommen tut nichts. Es lässt sich kein Ergebnis vorzeigen. Doch verhält es sich wirklich so? Kein Ergebnis? Ist das nicht schon ein Ergebnis, zu keinem Ergebnis zu kommen, zu keinem Ergebnis kommen zu können?

Die Grenzen der Theologie

„Alle meine Quellen entspringen in dir" (Ps 87,7). Mit diesem Satz wache ich auf. Ich muss gar nichts machen. Gar nichts entscheiden. Vor allem mir auch keine Gedanken darüber machen, ob es Gott gibt oder nicht. Es genügt dazusitzen, die Quellen sprudeln zu lassen. Manche übersetzen hier, „alle meine Quellen sind in dir". So sitze ich einfach da. Halte Stille. Es ist kurz vor 4 Uhr in der Frühe. Ich gehe hinaus zum See. Eine angenehme Brise begrüßt mich. Hinter den Olivenbäumen lugt ein voller Mond hervor. Ich werde ruhig. Es ist einfach gut, so wie es gerade ist. Ja, es ist gut so. „Alle meine Quellen entspringen in dir, sind in dir."

In den Psalmen der Vigil ist sehr oft die Rede von Gott, der so fern ist, und der Bitte, dass er sich doch melden, zeigen möge, einfach da ist. „Schweig doch nicht, o Gott, bleib nicht still, o Gott, bleib nicht stumm" (Ps 83,2), heißt es da. Oder: „Wenn ich rufe, erhöre mich" (Ps 4,1). Menschen, die sich in Not befinden und die auf Gott gesetzt haben, bringen sich in Erinnerung, bestürmen Gott, sie jetzt nicht im Stich zu lassen. Sie können sich offenbar eine Welt ohne Gott nicht vorstellen. Für sie gibt es keinen Zweifel, dass es Gott gibt. Auch trennen sie nicht zwischen der sogenannten religiösen und der sogenannten weltlichen Welt.

Wo stehe ich? Ich sitze da am See bei wunderbarem Frühlingswetter. Sitze einfach da. Die Frage, ob es Gott gibt, beschäftigt mich im Moment nicht. Ruhe ist bei mir eingekehrt. „Unruhig ist unser Herz, bis es Ruhe findet in dir." Ist es das? Habe ich Ruhe gefunden in Gott? Da bin ich skeptisch. Ich kann es nicht wirklich glauben. Aber es ist mir im Moment auch egal. Ich glaube, ich muss den Ball flach halten.

Die Beschäftigung mit Gott soll mich vor allem nicht davon abhalten, jetzt, heute zu leben. Jetzt ist die Zeit, meine Zeit. Jetzt ist die Stunde, meine Stunde. Sie ist es nur jetzt. In diesem Moment, wo ich in aller Herrgottsfrühe am See sitze, die Morgenfrische einatme, mich mit der mich umgebenden Natur verbunden fühle, den Vögeln lausche. Jetzt in dieser Stunde. Gott? Die Frage nach ihm stellt sich nicht. Sie ist in diesem Augenblick überflüssig. Jetzt, wo ich mich mit allem verbunden fühle.

Und die Theologie? Welche Bedeutung kommt ihr zu? Ich lese in dem Interview-Buch mit Karl Lehmann, *Ein langer Atem*. Mein Eindruck ist zwiespältig. Karl Lehmann hat sich große Verdienste erworben um die deutsche katholische Kirche. Auch ist er ein großer Theologe. Kein origineller, aber einer, der eine große Übersicht hat und über viel Wissen verfügt. Ich erinnere mich an einen Besuch in der Herder-Buchhandlung in Freiburg in der Abteilung für Theologie. Ich war damals Student, Karl Lehmann ein junger Professor für Theologie an der Universität Freiburg. Ich entdecke ihn dort, im Gespräch vertieft mit Horst Rummel, der für das theologische Sortiment verantwortlich ist. Was mich beeindruckt, ist der Bücherstapel neben Professor Lehmann, der immer größer wird. Dafür ist er bekannt. Regelmäßig besucht er die Buchhandlung und kauft zur Freude des Buchhändlers den halben Buchladen leer. Das waren noch Zeiten!

Ja, die Theologie. Sie ist eine faszinierende Wissenschaft. Sie hat mich 1974/75 für ein halbes Jahr nach Israel gebracht. In dieser Zeit kam ich auch so oft wie möglich hierher nach Tabgha. Damals galt für mich schon, was auch heute noch, vielleicht sogar noch mehr als früher gilt: Im Vordergrund steht die Begegnung mit dem Land, den Menschen, der Natur, der Atmosphäre. Dem, was jetzt ist. Dafür bieten sich vor allem die Gegend hier in Nordgaliläa, der See Genezareth und so dem Namen nach vertraute Orte wie Bethsaida, Kafarnaum, Tiberias an. Wenn ich die Erfahrungen, die ich in der Begegnung mit dem Land, den Menschen, den verschiedenen Orten und Plätzen machen durfte, mit dem Ertrag vergleiche, den mir das Studium der Theologie gebracht hat, kommt die Theologie ziemlich blass daher. Sie ist, wie Karl Lehmann (2016,194) mit Recht feststellt, „eigentlich nur ein Buchstabieren und ein Ausfalten des Glaubens". Doch selbst da kommt sie an ihre Grenzen. Sie ist eher einem Gestammel vergleichbar. Wie das für alles Reden über Gott zutrifft, angefangen von den gescheiten Worten eines Professors bis hin zu den mit päpstlicher Autorität formulierten Enzykliken.

So geht es jedenfalls mir. Für mich heißt das, mich in Bescheidenheit zu üben, wenn es um Gott, Wissen über Gott geht. Manchmal meine ich auch, dass sich die Theologie dabei selbst im Weg steht, vor allem, wenn sie glaubt, in Worte fassen zu können, was man nicht in Worte fassen kann. Das gilt auch dann, und da sogar vor allem, wenn man so verwegen ist, zu glauben, gar im Besitz der Wahrheit zu sein.

Wie viel mehr gibt mir da das Eintauchen in die Atmosphäre einer Landschaft, in der Jesus gelebt hat und wo man allenthalben das Gefühl nicht loswird, er, sein Geist sind immer noch da, spürbar. Oder wenn ich eintauche in eine Sphäre, die erfüllt ist vom Numinosen, ich die Erfahrung mache, vom Heiligen berührt zu werden. Oder aber von einer Begegnung innerlich so tief berührt werde, dass es mir warm ums Herz wird. Die Fühler unsrer Seele sich gegenseitig berühren. Wie ganz anders erlebe ich manchmal die Theologie, trocken, verschraubt, in sich selbst verfangen. Oder auch so manches Hirtenwort. Das ist zwar alles irgendwie richtig. Allein die Sprache ist kalt, herzlos. Der Inhalt geht über Allgemeinplätze nicht hinaus.

Mir fällt, um ein Beispiel aus der Welt der Psychotherapie zu nennen, Irvin D. Yalom ein, jener erwähnte Bestsellerautor und Psychotherapeut. Er schreibt in seinen Memoiren, dass er sich an so gut wie nichts aus seiner Psychoanalyse, die über Hunderte von Stunden ging, erinnern kann. Nichts davon war für ihn wirklich von Belang. Die einzige Situation, an die er sich erinnern konnte, war eine emotionale Reaktion seiner Lehranalytikerin, als er davon sprach, dass seine Mutter ihn für den Herzinfarkt seines Vaters mitverantwortlich machte. Auch für den Begründer der Gesprächspsychotherapie Carl Rogers ist für den heilenden Prozess in einer therapeutischen Beziehung entscheidend, eine Erfahrung zu machen und nicht eine Einsicht zu bekommen. Was ich damit meine ist: Der Kopf ist wichtig. Etwas theologisch zu verstehen, einordnen zu können, zu erklären, ist interessant. Aber es ist für mich zugleich zu wenig, wenn es nicht auch auf einer tieferen Ebene eine Resonanz auslöst.

Ich denke an eine Trauerfeier nach einer nationalen Katastrophe. Der Kardinal predigt. Alles, was er sagt, ist theologisch richtig. Aber was er mit seinen gescheiten Worten nicht erreicht, ist, in jenen Bereich bei seinen Zuhörern vorzudringen, der sie berührt sein und etwas von dem Trost spüren lässt, den sie im Augenblick so sehr brauchen.

In Gesellschaft mit der geselligen Gottheit

Ich sitze auf einem Stein auf halber Höhe an einem Weg, der vom See Genezareth zum Berg der Seligpreisungen führt. Von hier aus habe ich einen wunderbaren Blick auf den See und die ihn umgebende Landschaft. Ich erinnere mich an eine Pilgerreise nach Israel vor vielen Jahren, die ich führte. Damals sangen wir auf dem Berg der Seligpreisungen voller Inbrunst das Lied „Selig seid ihr, die ihr traurig seid …". Ich kann das Lied auch heute noch singen. Aber nur leise. Damals begeisterte mich die Vorstellung, dass hier Jesus gewesen war. Auf diesem Berg, umgeben von vielen Menschen, glaubt man den entsprechenden biblischen Berichten. Ihnen verkündigte er als eine Art Proklamation die sieben Seligkeiten. Vielleicht ist das ja sogar der Berg, auf den sich Jesus zurückzog. Manches spricht dafür. Doch was bedeutet mir das heute, jetzt? Ich will diese Frage offenlassen, nicht vorschnell mit „nichts" oder „wenig" beantworten. Viel wichtiger ist für mich die Frage, wie viel Jesus mir bedeutet.

Ich will mir, was Jesus und meine Beziehung zu ihm betrifft, nicht länger etwas vormachen. Ich kann nicht so unbefangen von Jesus als meinem Freund sprechen, an dessen Herz ich mich anlehnen kann, wie das zum Beispiel Henri Nouwen vermochte. Ich kann es nicht, und ich will es nicht. Für ihn war die Jesus-Beziehung von elementarer Bedeutung. Er ging darin regelrecht auf. Ich feiere gerne Eucharistie. Auch spricht mich die Stelle bei Lukas (24,30f) sehr an, in der es heißt: „Und es geschah, da er mit ihnen zu Tische saß, nahm er das Brot, dankte, brach's und gab's ihnen. Da wurden ihre Augen geöffnet und sie erkannten ihn." Da geht es um Gemeinschaft. Es geht um Gott, in Gemeinschaft mit Jesus, der von sich sagt: „Wo zwei oder drei in meinem Namen versammelt sind, da bin ich mitten unter ihnen" (Mt 18,20). Das stimmt für mich. Es ist gut, dass Jesus dabei ist. Aber es geht mir um Gott. Von mir aus auch um die „gesellige Gottheit" (Kurt Marti). Ich befinde mich gerne in ihrer Gesellschaft.

Gottheit tief verborgen,
betend nah ich dir.
Unter diesen Zeichen bist du wahrhaft hier.

Gottheit tief verborgen,
bist Du hier!?
DU

Ich lese bei Lukas (6,12): „Es geschah aber in diesen Tagen, dass er auf einen Berg ging, um zu beten. Und er verbrachte die ganze Nacht im Gebet zu Gott." Ich stelle mir vor, in unmittelbarer Nachbarschaft von meinem Aufenthaltsort hier am See Genezareth, dort drüben über der Straße, könnte der Ort sein, an den sich Jesus zurückgezogen hat, um zu beten. Diese Vorstellung berührt mich. Dass es so war, das kann ich mir auch vorstellen. Es ist in der Tat ein Ort, der dazu einlädt, sich zurückzuziehen, um die Nacht über zu verweilen. Da wird so etwas eigentlich ganz Banales von Jesus berichtet. Da ist einer, der an einem zurückgezogenen Ort die Stille sucht, um ungestört Kontakt mit Gott aufzunehmen. Das kann jeder und jede von uns sein. Er tut etwas, was unzählige Menschen vor und nach ihm getan haben. Es ist etwas, das uns mit ihm verbindet. Auch ich kann es ihm gleichtun, ja kann sogar einfach über die Straße gehen und auf den Berg gehen, um die Nacht im Gebet mit Gott zu verbringen.

Einer, der es uns vormacht und will, dass wir es ihm nachmachen

Ich lese weiter bei Lukas (6,13.17–20): „Als es Tag wurde, rief er seine Jünger zu sich und wählte aus ihnen zwölf aus; sie nannte er auch Apostel. Jesus stieg mit ihnen den Berg hinab. In der Ebene blieb er mit einer großen Schar seiner Jünger stehen und viele Menschen aus ganz Judäa und Jerusalem und dem Küstengebiet von Tyrus und Sidon waren gekommen, um ihn zu hören und von ihren Krankheiten geheilt zu werden. Und die von unreinen Geistern Geplagten wurden geheilt. Alle Leute versuchten, ihn zu berühren; denn es ging eine Kraft von ihm aus, die alle heilte." Er richtete seine Augen auf seine Jünger und sagte:

Selig, ihr Armen, denn euch gehört das Reich Gottes.
Selig, die ihr jetzt hungert, denn ihr werdet gesättigt werden.
Selig, die ihr jetzt weint, denn ihr werdet lachen.

Selig seid ihr, wenn euch die Menschen hassen und wenn sie euch ausstoßen und schmähen und euren Namen in Verruf bringen um des Menschensohnes willen.

Freut euch und jauchzt an jenem Tag; denn siehe, euer Lohn im Himmel wird groß sein. Denn ebenso haben es ihre Väter mit den Propheten gemacht.

Doch weh euch, ihr Reichen; denn ihr habt euren Trost schon empfangen.

Weh euch, die ihr jetzt satt seid; denn ihr werdet hungern.

Weh euch, die ihr jetzt lacht; denn ihr werdet klagen und weinen.

Weh, wenn euch alle Menschen loben. Denn ebenso haben es ihre Väter mit den falschen Propheten gemacht" (Lk 6,20–26).

Ich habe diese Stelle schon lange nicht mehr gelesen. Auch nicht mit einem so großen Interesse und einer so großen Hochachtung Jesus gegenüber. Welch mutige Worte. Da hat einer ganz schön hingelangt. Er musste wissen, wie gefährlich, ja lebensgefährlich das sein konnte. Wie das auch die Männer und Frauen wissen, die heute in der Türkei, in Russland oder China sich kritisch über die dortigen politischen Zustände äußern. Oder wie jene, die sich unter Papst Johannes Paul II. und Papst Benedikt XVI. kritisch äußerten, wussten, dass sie mit Sanktionen rechnen mussten.

Mir imponiert die Radikalität, der ich in den Worten Jesu begegne. Da gibt es nichts herumzurätseln. Ich lasse diese Worte auf mich wirken. Dabei blicke ich auf den See. Das hat er hier gesagt. In dieser Gegend. Was für ein lahmer Haufen sind wir in der Kirche geworden, verglichen mit der radikalen Botschaft, die in diesen Worten liegen. Ein zahnloser Tiger. Da brauchen wir uns aber auch nicht zu wundern, dass wir längst aufgehört haben, Salz der Erde zu sein. Sollten wir es jemals gewesen sein. „Eher geht ein Kamel durchs Nadelöhr, als dass ein Reicher in den Himmel kommt" (Mk 10,25). Dieses Nadelöhr, so Karl Barth, hat die Kirche ziemlich geweitet, so dass die Reichen gut durchkommen. Die Kirche hat das getan um den Preis ihrer Unschuld und Glaubwürdigkeit. Wie sie das auch in vielen anderen Bereichen getan hat und sich dabei hat korrumpieren lassen.

Ich komme nicht los von Lukas, während ich in meinen Gedanken weiterhin bei Jesus bin, der hier in der Gegend vagabundierte. Und dann stoße ich auf den Satz „Seid barmherzig, wie es auch euer Vater ist" (Lk 6,36). Da steht dieser Satz, den man schnell überlesen könnte. Hat man ja schon hundert Mal gehört. Jetzt aber haut er mich fast um. Alle Schleusen in mir öffnen sich. Ja, genau das ist es. Das trifft ins Zentrum unseres Glaubens. Das ist wohl auch, was mich am stärksten mit Jesus verbindet, der das ja nicht nur von anderen fordert, sondern für sich selbst zum Lebensmotto gemacht hat. Das imponiert mir bei ihm. Ich sehe Henri Nouwen vor mir, den dieser Satz anspornte, immer mehr es Jesus gleichzutun.

Ja, in dieser Hinsicht bedeutet mir Jesus viel. Sehr viel. Da muss ich gar nicht lange überlegen. Da ist er für mich die Stimme Gottes, der geliebte Sohn, auf den wir hören sollen (vgl. Mk 9,7). Einer, der es uns vormacht. Der will, dass wir es ihm nachmachen. Wir den, für den er steht, für den er spricht, vergegenwärtigen, indem wir barmherzig sind wie der Vater. In und durch Jesus kommt die tat-kräftige, unseren Alltag und unsere Welt betreffende Dimension Gottes zum Ausdruck.

Was Jesus sagt, was er tut, gilt zunächst den Menschen, mit denen er lebt

Es ist die Welt, in der ich mich gerade befinde. Die Welt hier in Israel, in Nordgaliläa, in Tabgha. Wenn ich mir den Jesus von damals vergegenwärtige, dann geht es ihm ganz sicher in erster Linie um die Menschen, die hier leben, denen er hier begegnet. Es geht um deren Leben. Für sie ist er da. Ganz konkret. Er würde sicher zu Tode erschrecken, würde er erfahren müssen, was da alles aus ihm, aus seiner Bewegung gemacht worden ist. Er würde sich gar nicht getrauen, in die Peterskirche in Rom zu gehen, und sich dort vermutlich auch nicht wohlfühlen. Was er sagt, was er tut, gilt zunächst den Menschen, mit denen er hier in Galiläa lebt. Sie sind zu beneiden, einen solchen Menschen kennenlernen zu dürfen. Was Jesus hier wirkt und bewirkt, darf nicht verblassen angesichts der Wirkkraft, die bis heute von ihm ausgeht. Es ist zunächst beschränkt auf die Menschen, die hier leben. Genau das aber macht es so kostbar und einzigartig. Es ist konkret, direkt und überschaubar. So gesehen wäre es natürlich wunderbar, ein Privileg, würde Jesus hier bei mir in Tabgha vorbeikommen.

Welch ein Kontrast doch besteht zwischen Jesus und den Männern, die sich als Stellvertreter Christi oder Nachfolger der Apostel bezeichnen lassen. Auch wenn sie versuchen, etwas von dem Nimbus, der von Jesus und den Aposteln ausgeht, für sich zu nutzen. Wie weit weg sind sie doch in der Regel von den Menschen. Auch wenn es inzwischen immer mehr Bischöfe, unter ihnen auch den gegenwärtigen Bischof von Rom, Papst Franziskus, gibt, die es versuchen, bescheiden leben und sich nicht länger als Kleriker verstehen, die sich von den Laien deutlich abheben, leben viele von ihnen immer noch äußerlich, aber auch innerlich in einer Sonderwelt.

Als ich damals Joseph Ratzinger in Tabgha traf und mich kurz mit ihm unterhielt, wussten wir beide nicht, dass er einmal Papst werden würde. Es war eine ganz unspektakuläre, normale Begegnung. Das war nicht mehr so, als ich ihn viele Jahre später in der Rolle des Präfekten der Glaubenskongregation traf; da umgab ihn bereits eine eigenartige Aura. Beim Abendessen drehte sich alles um ihn, woran natürlich auch die Leute schuld waren, die mit ihm zu Tisch saßen, darunter auch ich. So fragte ich ihn, wann er seine Bücher schreibe, ob er einen PC habe, ob es stimme, dass der Vatikan sich demnächst zur Homosexualität von Priestern äußern würde, usw. Er selbst fragte bei niemandem nach, zeigte kein Interesse an ihrer Arbeit. So etwas zu erwarten wäre ja auch vermessen. Wäre unser Gegenüber Jesus gewesen, wäre es nicht vermessen, sondern eine Selbstverständlichkeit gewesen.

Und doch, da gab es in dieser Begegnung mit Joseph Ratzinger auch einen Moment, bei dem etwas Persönliches geschah, die Steifheit des Offiziellen durchbrochen wurde. Ich erinnerte ihn an eine Szene, die ich beobachtet hatte, als er damals in Israel weilte, wie er vor der Kirche in Kana einem kleinen Jungen ein Blümchen abgekauft und sie als Boutonnière in das Knopfloch seines Jackett-Revers gesteckt hatte. Als ich ihm das sagte, hielt er kurz inne und meinte dann: „Ja, Sie haben recht. Ich habe dieses Blümchen über viele Jahre in meinem Brevier aufbewahrt." Das Eis zwischen uns war gebrochen.

Aus Jesus wird Christus – ein kluger Schachzug?

Jetzt bin ich abgeschweift. Dabei will ich ja mit dem Jesus in Kontakt kommen, der sich hier in der Gegend aufhielt. Ich mache mir da nichts vor. Ich werde ihm hier nicht begegnen. Auch wenn ich noch so oft an den Plätzen weile, an denen er möglicherweise geweilt hat, oder versuche, mir vorzustellen, wie er hier durch die Lande zog. Dieser Jesus lebt nicht mehr. Auch wenn an jeder Stelle auf ihn verwiesen wird. Von diesem Jesus kann ich etwas erahnen, wenn ich ihn mir vorstelle, wie er hier in Nordgaliläa herumzog. Aber es sind und bleiben dabei meine Vorstellungen und Ausschmückungen.

Dem Jesus, wie er hier lebte, begegne ich in den Schriften, die über ihn berichten. Da wird mir von ihm erzählt, seinen Leben, seinen Taten, dem, was er sagte. Freilich ist das, was ich dort von ihm erfahre, eingebettet in bestimmte theologische Intentionen. Die einen würden sagen: zugespitzt, auf das Eigentliche hin pointiert. Andere würden dagegenhalten: Was dort von ihm berichtet wird, ist zu sehr überhöht, verklärt, gar entstellt, schlicht falsch oder eine Lüge, milder ausgedrückt: ein Märchen. Und manches, wenn man ehrlich ist, liest sich ja auch wie ein Märchen und kann man nur „richtig" verstehen, wenn man es wie ein Märchen versteht. Ich kann mich beeindrucken lassen von dem, was mir von ihm mitgeteilt wird, und mich dadurch motivieren lassen, es ihm, so gut ich es vermag, nachzumachen.

Wenn ich Jesus schon nicht bei den Lebendigen hier finde, finde ich ihn dann wenigstens bei den Toten? Das wäre doch die Sensation, würde man Reste von seiner Leiche entdecken und mit Hilfe einer DNA-Analyse nachweisen können, dass es sich dabei tatsächlich um ihn handelt. Sosehr das natürlich andererseits ein großes, ja sehr großes Problem mit sich bringen würde, weil ein solches Ergebnis in Konflikt geraten könnte mit bestimmten Vorstellungen und Überzeugungen hinsichtlich der Auferstehung Jesu. Da wird es mir ganz heiß und deshalb beende ich hier lieber mein Spekulieren. Wobei ich kein Problem damit habe, mir vorzustellen, dass Jesus gestorben und begraben worden ist und es bei ihm dann genauso weitergegangen ist wie bei allen Menschen. Denn das mit der Auferstehung ist noch einmal eine andere „Sache". Das gilt auch für *seinen* Tod und *seine* Auferstehung.

In der Vigil hören wir als Einstimmung auf die Fastenzeit einen Text von Bernhard von Clairvaux. Er nimmt darin auch Bezug zum Gottesknecht, von dem bei Jesaja in den sogenannten Gottesknechtsliedern die Rede ist. Hat sich Jesus in diesen Texten wiedergefunden, sollte er sie gekannt haben? Da heißt es im 4. Gottesknechtslied (Jes 53,2–5):

> Er war der Allerverachtetste und Unwerteste, voller Schmerzen und Krankheit. Er war so verachtet, dass man das Angesicht vor ihm verbarg; darum haben wir ihn für nichts geachtet. Fürwahr, er trug unsre Krankheit und lud auf sich unsre Schmerzen. Wir aber hielten ihn für den, der geplagt und von Gott geschlagen und gemartert wäre. Aber er ist um unsrer Missetat willen verwundet und um unsrer Sünde willen zerschlagen. Die Strafe liegt auf ihm, auf dass wir Frieden hätten, und durch seine Wunden sind wir geheilt.

Hat sein Sterben am Kreuz die Bedeutung, die wir ihr beimessen? Ich komme da an meine Grenzen. Eine Seite in mir sagt: Da haben wir uns in etwas hineingesteigert, etwas konstruiert, das dann feierlich zum Dogma erklärt wurde. Es ist lediglich das Ergebnis unserer Überlegungen oder Sehnsüchte. Doch es gibt auch eine Seite in mir, die sich zumindest nicht dagegen wehrt, offen dafür zu sein, dass es sich um etwas Geheimnisvolles, Undurchschaubares handelt. Wir dafür Begriffe, Umschreibungen suchen, was letztlich mit Begriffen und Umschreibungen nicht zu erklären, schon gar nicht zu fassen ist. Ich weiß es einfach nicht. Ich muss es auch nicht wissen. Auch werde ich es wohl auch nie wissen, weil es mit Wissen wenig zu tun hat und mit Hilfe unseres Wissens nicht zu „erfassen" ist.

„Was sucht ihr den Lebenden bei den Toten? Er ist nicht hier, sondern er ist auferstanden" (Lk 24,5f), sagen zwei Männer zu den Frauen, die zu Jesu Grab geeilt sind. Das kann man glauben oder nicht glauben. Wie ist das für mich? Begegne ich hier oder sonst wo dem auferstandenen Jesus, der ja jetzt Christus genannt wird? Aus dem Jesus wird Christus. Ein kluger Schachzug, könnte man sagen. Mein Dogmatiklehrer während meines Studiums in Jerusalem, Pater Laurenz Volken, hat es auf den Punkt gebracht, als er meinte: Selbst wenn es Jesus nicht gegeben hat oder das alles nicht so passiert ist, wie in der Bibel geschildert, haben wir ja in Christus den Auferstandenen, mit dem wir jetzt, so bin ich versucht seine Ausführungen fortzuführen, nahezu alles „machen" können.

Aber Hand aufs Herz. Was hat dieser Christus noch mit dem Jesus zu tun, der hier gelebt hat? Ich hatte schon in den 70er Jahren bei Karl Rahner angefragt, ob er einen Beitrag über Wüstenerfahrung für ein Buch von mir verfassen könnte. Er sagte damals ab mit der Begründung, dass er noch nie im Vorderen Orient gewesen sei, und meinte, dass über Wüstenerfahrung nur Leute schreiben sollten, die solche Erfahrungen wirklich gemacht haben und nicht einfach über einen abstrakten Begriff von Wüste spekulierten. Ich erwähne das, weil ich daraus auch den Schluss ziehe, dass Karl Rahner für seine Beschäftigung mit Jesus oder Christus, aber vermutlich auch für seine persönliche Beziehung zu Jesus, in einem Aufenthalt im sogenannten Heiligen Land keinen allzu großen Gewinn gesehen hat. Sein Jesus, Christus, dem wir in seinen faszinierenden Aussagen und Spekulationen über Jesus und Christus begegnen, kommt gut ohne ein Pilgern auf den Spuren Jesu aus. Nicht dass ihn der historische Jesus nicht interessiert hätte. Er hinderte ihn aber auch nicht daran, ihn in einem Gewölk theologischer und philosophischer Überlegungen in eine Dimension zu erheben, bei der es einem manchmal fast schwindelig werden kann. Vielleicht auch schwindelig werden muss, um für die Tiefe und Mystik, die darin auch spürbar ist, empfänglich zu werden.

Wie sehr dieser Jesus von Theologen und Lehraussagen in einen Wust von spitzfindigen Formulierungen eingesperrt werden kann, die aber letztlich nicht mehr sind als ein hilfloses Gestammel über ihn, karikiert auf eine Weise, die zum Schmunzeln einlädt, Lothar Zenetti (1993,102) in folgender Geschichte:

Als Jesus einmal in der Einsamkeit gebetet hatte und die Jünger sich wieder um ihn scharten, fragte er sie: „Für wen halten mich die Leute?" Sie gaben ihm zur Antwort: „Für Johannes den Täufer", „für einen Elija", „ja, sie sagen: einer der alten Propheten ist wiedergekommen!" – „Jedenfalls halten sie dich für einen ganz bedeutenden Menschen. Sie sagen: Jesus, das ist ein wirklich guter Mensch, ein Vorbild für alle. So ein Lehrer der Humanität wie Sokrates zum Beispiel oder Goethe oder Gandhi, sagen sie. Manche bezeichnen dich auch als einen großen Sozialreformer … Ein Revolutionär der Liebe, so hat dich einer genannt!"

„Und ihr?" fragte er weiter, „was sagt ihr von mir?" Da gab Simon Petrus zur Antwort, und man merkte gleich, er hatte inzwischen seinen Rahner wohl studiert: „Du bist, wie die Kirche es gegen alle Missbildungen und Verkürzungen besonders in Richtung auf eine bloße Gesinnungseinheit mit

Gott entfaltete und zumal auf den frühen Konzilien von Ephesus und Chalkedon formulierte, die zweite Person der Heiligen Dreifaltigkeit, der Sohn des Vaters, der Logos mithin, sein göttliches Wort, das von Ewigkeit her im Besitz des vom Vater mitgeteilten einen göttlichen Wesens ist, das in der Zeit aus Maria eine menschliche Natur als vollendet eigene Wirklichkeit angenommen hat, so dass du in der Einheit derselben göttlichen Person eine göttliche und eine menschliche Natur unvermischt und ungetrennt besitzt und als derselbe also wahrhaft als Gott und Mensch zu glauben und zu bekennen bist."

Er war ein bisschen außer Atem, der Simon Petrus, als er das gesagt hatte, aber es war ein großartiges Bekenntnis. Es schien ihm freilich, als ob Jesus ein wenig lächelte. Auf jeden Fall verbot er den Jüngern streng, dies irgendjemand zu sagen.

Karl Rahner muss ich zugutehalten, dass er es auch ist, der gesagt haben soll: Dogmen sind wie Laternen in der Nacht und nur Betrunkene halten sich an ihnen fest. Ansonsten darf man sich angesichts so mancher theologischer Höhenflüge auch fragen, was dieser Jesus der Theologen und Dogmen noch mit dem Jesus zu tun hat, der sich hier in der Umgebung mit den einfachen Leuten, den Kleinbauern gemeinmacht. Zu ihnen, so der Karmelit Reinhard Körner, in der Sprache eines Kleinbauern spricht. Vielleicht wird seine Botschaft erst dann zur Frohbotschaft über Gott und das Leben, wenn wir das, was Stadtmenschen wie Paulus und die Evangelisten von ihm überliefern, gar was die hohe Theologie daraus gemacht hat, in seine Kleinbauernsprache zurückübersetzen. Überhaupt ist das so eine Sache mit der Sprache. Sie ist immer schon von vornherein vielerlei Beschränkungen, Einseitigkeiten ausgesetzt.

Sehr treffend beschreibt das der Philosoph Hans-Georg Gadamer (1992,10):

> Sprechen ist Suchen des Wortes.
> Finden des Wortes ist wohl immer schon eine Beschränkung.
> Wer wirklich zu jemandem sprechen will, tut es im Suchen der Worte,
> weil er an die Unendlichkeit dessen glaubt, was einem zu sagen nicht gelingt, und was gerade dadurch, dass es einem nicht gelingt,
> im anderen anzuklingen beginnt.
> Es ist diese Weisheit des Stammelns und Verstummens, die auch unserem Reden von und über Gott eignet. Es ist ein vorsichtiges, uns vortastendes Reden.

Christus von innen her begegnen

Fragen muss man sich freilich auch: Was bleibt von dem Jesus aus Galiläa übrig, der uns, so der Tiefenpsychologe C. G. Jung (vgl. 1972,25), als Christus aus der eigenen Seele entgegentritt? Für Jung ist dabei Christus als „göttliche Gestalt innerstes Eigentum der eigenen Seele". Er ist der Meinung, dass viele Menschen Christus – vielleicht würde er in diesem Fall auch von Jesus, dem von Gott gepackten Menschen, sprechen – nur von außen her begegnet sind, nicht aber von innen her. Man kann das zunächst einfach so stehen lassen. Um dann aber festzustellen, dass auch hier, wie das für den auferstandenen Jesus zutrifft, aus dem Jesus ein Christus gemacht wird, der mit dem irdischen Jesus leidlich wenig zu tun hat.

Damit will ich nichts gegen eine innige Jesusbeziehung, vor allem aber auch innige Gottesbeziehung sagen, die für mich, meine eigene spirituelle Praxis eine große Bedeutung haben. Erst in dieser allerinnersten Begegnung mit ihm, bei der wir nicht nur über jemanden, der vor 2000 Jahren gelebt hat, etwas hören, sondern eine Erfahrung im Tiefsten, in dem, was uns ausmacht, unserer Seele, machen, geschieht etwas Wesentliches. Solange das aber nicht geschehen ist, sind wir ihm, so C. G. Jung, nicht wirklich begegnet. Auf der anderen Seite geht es mir hier ähnlich wie bei jenen, die Jesus durch ihre theologischen Höhenflüge bis hin zur Unkenntlichkeit entstellt haben. Ich wünsche ihnen, bei alledem den Jesus, der uns von außen her begegnet und der uns vieles zu sagen hat, nicht zu vergessen und sich von ihm ansprechen, berühren, provozieren zu lassen. Vor allem aber es nicht nur bei der inneren Begegnung zu belassen, sondern zutiefst berührt und aufgewühlt davon in die Hände zu spucken und mit dazu beizutragen, dass das, was er sagt und fordert, in Taten der Liebe umgesetzt wird.

Wie ist das also mit dem Christus, der mir von innen her begegnet? Was hat der mit dem Jesus von Galiläa zu tun? Oder auch mit dem Jesus, der als Christus auferstanden ist? Es ist der Jesus, den ich verinnerlicht habe. In mich hineingenommen habe. Was würde der irdische Jesus dazu sagen, würde ich ihm jetzt, hier, heute am See treffen? Würde er sagen: „Ich und der Vater sind eins" (Joh 10,30)? Oder: „Wer in mir bleibt und in wem ich bleibe, der bringt reiche Frucht; denn getrennt von mir könnt ihr nichts vollbringen" (Joh 15,5)? Vermutlich nicht. Aber er würde mir vielleicht davon erzählen, wie er es erlebt. Er in sich eine tiefe Verbindung mit Gott verspürt. Er eine große Innigkeit, Intimität mit IHM erfährt. So innig, dass er manchmal meint, gar nicht länger auseinanderhalten zu können, was er und was ER ist, sein DU.

Ich lasse alle diese Überlegungen auf mich wirken. Schaue dabei immer wieder um mich. Betrachte die Landschaft, den See. Ich merke, wie aus dem Wartenden immer mehr ein Suchender, sich Vortastender wird. Stünde Jesus unsichtbar jetzt neben mir – vielleicht ist das ja sogar der Fall –, würde er vermutlich milde lächeln ob meiner Überlegungen und Vermutungen. Und sicher würde er sich oft halbtot lachen, wenn er mitbekäme, was manche Theologen oder Kirchenleute sich an hochtrabenden Gedanken und Formulierungen über ihn haben einfallen lassen. Er würde verwundert an sich herabschauen und sich zu fragen: „Und das soll ich sein? Gott bewahre!"

Gott einfach sein lassen

Es ist 5 Uhr in der Frühe. Ich sitze schon eine Weile am See. Es ist still. Da und dort vernehme ich vereinzelt Vogelstimmen. Es ist Vollmond. Stille. Auch Stille in mir. Ich schließe die Augen, lausche nach innen. Ich höre das Tropfen des Wassers von dem Baum vor mir. In der Nacht hat es etwas geregnet. Ich sitze einfach da. Ohne etwas zu erwarten. Ich habe aufgehört zu warten auf G. Habe ich es wirklich? Es scheint zumindest so. Nicht aus Frust, weil, ja weil was? Was habe ich denn erwartet? Habe ich etwas erwartet? Ist vielleicht inzwischen eingetroffen, was ich erwartet habe? Ich spüre jedenfalls keinen Frust. Im Gegenteil. Es ist gut so, wie es ist.

Mir fällt eine Bibelstelle aus dem Buch der Weisheit (6,13–15) ein, die mich immer schon sehr berührt hat. Jetzt an diesem frühen Morgen bin ich besonders wach und empfänglich für diese Worte, werden sie zum Fleisch für mich:

Die Weisheit ist strahlend und unvergesslich und lässt sich gerne von denen erkennen, die sie lieb haben, und lässt sich finden von denen, die sie suchen. Sie kommt denen entgegen, die sie begehren, und gibt sich ihnen zu erkennen. Wer sich ganz zu ihr aufmacht, braucht nicht viel Mühe; denn er findet sie vor seiner Tür sitzen.

Jetzt nichts denken. Nichts analysieren. Nicht die Frage nach G. stellen. Sondern einfach nur da sein. Begehren. Lieb haben. Die Sehnsucht zulassen. Warten. Alles in mir ausrichten auf die Weisheit. Mich ganz zu ihr aufmachen. Um jetzt – kann das wirklich so sein, wird das so sein? – ihre (seine? G.s?) Anwesenheit zu erahnen, zu spüren. Das Warten auf G. zu seinem Ende kommt? Der Augenblick zur Ewigkeit wird? Alles Suchen, alles Mühen einmünden in die unendliche Stille und Ruhe, die vollkommene Gelassenheit, die sich einstellt, wenn ich staunend gewahre, dass die Weisheit, G. vor meiner Türe sitzt? DU eigentlich schon immer davorsitzt und ich mich in meiner Tiefe davon berühren lasse?

Ich koste diese Erfahrung lange aus. Sitze einfach da vor meinem Häuschen mit Blick auf den See Genezareth. Ich könnte stundenlang, ewig (?) hier sitzen bleiben. Immer wieder bin ich versucht, mir darüber Gedanken zu machen über das, was da bei mir im Augenblick geschieht. Allein, was soll, was kann ich darüber sagen? Ich habe mich bewusst zurückgehalten, was G. betrifft. Auch um zu sehen, ob ich mir da etwas vormache. Meine Sehnsucht nach G. „gemacht" ist, ich mir das einrede, ich darauf hingetrimmt worden bin. Das von mir forciert wird. Und jetzt diese Gelassenheit, dieses einfach sein. Noch einmal: Was soll ich dazu sagen? Am besten wohl doch gar nichts. Sondern nur noch da sein. Lauschen. Denn:

Im Schweigen und in der Stille ist alles da.
Da gibt es keine Fragen mehr.
Leben und Tod begegnen sich.
Sind eins.
G. geht darin unter und geht darin auf.
Leben hört auf und beginnt.
Im Schweigen und in der Stille ist alles da.

Ich kann einfach oder will auch nicht (mehr) über Gott nachdenken. Ich kann doch nicht *über* etwas, jemanden nachdenken, ohne dabei in Distanz zu ihm zu treten. In diesem Augenblick trenne ich mich ja von ihm. Ich zucke innerlich zusammen, wenn jemand von unserem Gott spricht, dem wir zum Beispiel heute im Gottesdienst begegnen wollen. Das ist oft sehr positiv gemeint von den Personen, die das so sagen, und ich kann sie gut verstehen. Allein, ich schrecke bei solchen Formulierungen innerlich zurück, da ich, so zumindest mein Gefühl, mit solchen Worten Gott auf Distanz halte. Kann ich doch nur ein DU stammeln, will ich mich dem Unsagbaren, Namenlosen, Unverfügbaren, Gott nähern. Oder ich kann nur schweigen. Auf alle Fälle aber nicht länger von ihm oder über ihn reden. Gott einfach sein lassen, Gott einfach lassen, Gott lassen, Gott.

Daimon, die Kraft, die unser Leben, unsere Bestimmung zur Entfaltung bringen will

Es ist wieder kurz vor 5 Uhr in der Frühe. Ich gehe zum Oratorium der Mönche, vorbei am kleinen Kloster der philippinischen Ordensfrauen. Hört für sie irgendwann die Faszination auf, die sie hat ins Kloster gehen lassen, frage ich mich im Vorbeigehen. Wenn der graue Alltag sich einstellt. Wie sie wohl damit umgehen? In meinen Gedanken bin ich dann bei den Ordensleuten, die in Afrika in einem von Moslems beherrschten Gebiet wohnen. Sie wollen alleine durch ihre Anwesenheit Zeugnis abgeben. Was braucht es da, um den Alltag bestehen zu können? Oder mir fällt Sr. Doris ein, die in der Nähe von Bethlehem in einem Hospital für Babys arbeitete. Ihre Ablenkung bestand darin, am Sonntag den Gottesdienst in der Dormitio-Abtei auf dem Zionsberg zu besuchen. Dort kam sie unter Leute, traf sie Menschen, mit denen sie in ihrer Heimatsprache sprechen konnte.

Für die Ordensleute ist die Gemeinschaft, in der sie leben, wichtig. Die sechs philippinischen Ordensfrauen, die hier in meiner unmittelbaren Nähe am See Genezareth leben, treffe ich jeden Morgen bei der Eucharistiefeier in der Brotvermehrungskirche. Ansonsten laufen wir uns tagsüber gelegentlich über den Weg. Manchmal höre ich sie singen, oder ein Lachen, das aus ihrer Richtung kommt, dringt an mein Ohr. Ich weiß nicht, wie sie miteinander leben. Wie gut sie miteinander auskommen. Sie werden es selber wissen, wie gut sie beraten sind, hier in der Fremde ihr Leben so miteinander zu gestalten, dass es ihnen gut damit geht. Sie ab und zu auch etwas miteinander unternehmen wie am letzten Sonntag, als, so mein Eindruck, alle ausgeflogen waren.

Irgendwann wird man vom Alltag eingeholt. Das ist dann der Moment, bei dem sich zeigt, ob die Entscheidung, so oder so zu leben, stimmt. Diesen Elchtest muss jeder und jede für sich selbst bestehen. Als ich in den 70er Jahren ins Priesterseminar ging, stellte ich nach kurzer Zeit fest, dass ich das nicht konnte. Das nicht meine Welt ist. Ob ich zu schnell aufgegeben habe? Ich glaube nicht. Etwas tief in mir wusste, dass das nicht meine Welt, nicht mein Weg ist. Auf der anderen

Seite darf man auf alle Fälle darauf vertrauen, dass Gott uns auf dem Weg begleitet, den wir gewählt haben. So heißt es jedenfalls im Talmud. Ich kann nicht in die Irre gehen, selbst wenn ich irre.

Die Fähigkeit, für uns herauszufinden, was unser Weg ist, und die damit einhergehende notwendige Kraft, dann auch diesen Weg zu gehen und auch immer wieder dazu anzustoßen und nicht aufzugeben, bezeichnen manche als Daimon. Es hat einen anderen Sinn als das Wort Dämon, unter dem man ein Wesen versteht, das die Menschen erschreckt, sie bedroht und ihnen Schaden zufügt. Die ursprüngliche Bedeutung von Daimon meint im Unterschied dazu die Kraft eines Gottes, von der wir uns antreiben lassen sollen. Sie will unser Leben, vielleicht kann man auch sagen unsere Bestimmung zur Entfaltung bringen. Sie ist davon beseelt, uns dahin zu führen, wo es langgehen und hinführen soll – auch über viele Hindernisse hinweg, die im Weg stehen, und gegen äußere und innere Widerstände. Der Daimon gibt nicht auf. Wenn wir Rückschläge erleiden auf dem Weg zur Verwirklichung unserer Bestimmung, lässt er uns so lange nicht in Ruhe, bis wir uns wieder aufmachen und es erneut versuchen. Er versucht es immer wieder, uns dahin zu locken, manchmal auch zu drängen, dahin zu gehen, wo er glaubt, dass das unser Platz ist. Wäre es mein Weg gewesen, Priester zu werden, hätte er mich dahin geführt. Davon bin ich überzeugt. Er hat mich woanders hingeführt.

Wie das wohl bei Jesus war? Da gab es sicher auch diesen Daimon, der ihn nicht in Ruhe ließ, zunächst einmal seinen Weg zu erkennen. Um ihn dann auch zu drängen, immer mehr seinen Weg zu gehen, trotz oder wegen der Konflikte, die sich unausweichlich einstellen und mit denen man rechnen muss, wenn man seinen Weg geht. Den aber ist er gegangen. Es blieb ihm wohl auch gar nichts anderes übrig, so stark meldete sich sein Daimon in ihm, dass er gegen ihn keine Chance hatte. Also ist er seinen Weg gegangen, sicher auch mit Widerständen. Warum sollte er nicht zunächst den Wunsch gehabt haben, ganz normal leben zu wollen? Wie wäre es gewesen, wäre er diesem Verlangen gefolgt? Wer wollte es ihm übel nehmen? Stünden wir heute anders da? Sähe unsere Welt heute anders aus? Wäre uns dann vieles erspart geblieben? Hätten wir auf vieles verzichten müssen? Fragen über Fragen, die natürlich auch müßig sind.

Ich sitze vor meiner Hütte. Es ist dunkel. In der Ferne erblicke ich die Lichter von Tiberias. Es ist kühl. Wie an jedem Abend findet auch heute wieder ein Grillenkonzert statt. Vom Schwesternhaus dringt lautes Lachen herüber. Es scheint ihnen gut zu gehen. Sie haben jedenfalls das Lachen nicht verlernt. Das freut mich für sie.

Gott verdunstet nicht, aber unsere Bilder von ihm lösen sich auf

Es ist früh am Morgen. Leise beginnt der Tag. Ganz vorsichtig und zurückhaltend erwacht er. Es ist frisch, auch wenn die Sonne scheint. Der See vor mir ist ruhig. So sieht es auch in mir aus. Es hat kräftig geregnet. Jetzt zeigt sich wieder die Sonne. Der See und seine Umgebung sehen aus wie frisch gewaschen. Alles ist so klar, wirkt so rein. Und Gott? Wo ist er hier? Manche meinen, Gott würde verdunsten. Vielleicht ist es genau das, was wichtig ist: dass verdunstet, was wir für Gott halten und an dem wir manchmal krampfhaft festhalten. Wo er vermutlich gar nicht der ist, für den wir ihn halten. Wir an etwas festhalten, das er gar nicht ist. Durch das Verdunsten aber sich etwas vollzieht, das Positives, Fruchtbares mit sich bringt.

Wenn Wasser verdunstet, ändert es seinen Zustand, es verwandelt sich, löst sich aber nicht auf. Wir finden Gott heute oft nicht mehr in den Institutionen, Ritualen, Gebetsformen, Sakramenten, Lehrsätzen, die einst als die Formen galten, mit Gott in Kontakt zu kommen, ihn für uns „fassbar", spürsam, fühlbar, erkennbar zu machen. Sie leisten das nicht länger. Ja, erweisen sich manchmal geradezu als Hindernis, um mit Gott in Kontakt zu kommen. Das hat aber nichts mit Gott zu tun. Es zeigt lediglich unsere Hilflosigkeit, bei dem Versuch, uns Gott, dem, was wir vermuten, das er ist, anzunähern. Vielleicht ist es ja genau die Gottesverdunstung, die uns aus dieser Misere herausführt. So dass wir, befreit von dem ganzen Drumherum, was uns zum Glauben führen soll, plötzlich voll Erstaunen mit Lothar Zenetti ausrufen können: „Spürt ihr's noch nicht? Glaube liegt in der Luft!"

Bei Karl Lehmann (2016,191f.) lese ich: „Gott kann erst gefunden werden, wenn man erst einmal alles Endliche/Einzelne übersteigt und hinter sich lässt. Dies ist die notwendige Transzendenzbewegung, wohl die wichtigste Voraussetzung für den Glauben an Gott [...]. Ist dieser ‚Gott' am Ende jedoch eine Wirklichkeit oder Einbildung, ja Projektion, schöner Schein? Viele mögen sich mit bloßen Idealen zufriedengeben. Für mich ist Gott jedoch Person, hat einen Namen, kann angerufen werden. Hat ein Antlitz. Spricht."

So könnte – so kann? – ich es auch für mich sagen. Allerdings ohne die leise Anmaßung, die ich meine bei Karl Lehmann herauszuhören. Was soll das heißen, viele mögen sich mit bloßen Idealen zufriedengeben, für mich ist Gott jedoch …? Da fehlt mir die Demut. Denn auch wenn er für Karl Lehmann, für mich und für viele andere eine Person ist, kann es sich trotzdem um eine Einbildung, Projektion handeln. In meinen Gebeten wende ich mich an Gott, spreche ich zu ihm. Das will ich auch weiterhin tun und das kann ich auch weiterhin tun.

Im Buddhismus, so sagt mir ein Kenner, gibt es die Vorstellung von etwas Absolutem, vergleichbar mit dem Unbegreiflichen, Unsagbaren; Bezeichnungen, die manche für Gott gebrauchen. Doch zu diesem Absoluten unterhält man keine personale Beziehung, wie das für Karl Lehmann, mich und viele andere im Christentum der Fall ist. Schon bin ich geneigt, gleich die Position des Christen einzunehmen, der in Distanz tritt zum Buddhismus und herausstellt, wie wichtig es sei, eine personale Beziehung zu Gott zu haben. Doch ich will hier zurückhaltender, weniger wertend sein. Schon gar nicht will ich behaupten, irgendwie weiter zu sein. Ich kann sagen, dass das für mich bisher wichtig war. Ich mich sehr angesprochen fühle von der Lösung, die Martin Buber und Franz Rosenzweig für ihre Bibelübersetzung gefunden haben, den vierbuchstabigen Gottesnamen JHWH, der in der jüdischen Tradition niemals ausgesprochen wird, zu übersetzen (vgl. Wachinger 2010,15ff). Sie übersetzen ihn nicht mit „Herr", sondern mit „DU" und erinnern damit daran, dass wir einem Du gegenüberstehen.

Wenn ich dann auch noch eine Resonanz erfahre, ich für mich den Eindruck gewinne, dass von Gott etwas zurückklingt, er antwortet, ist das wunderbar. Es ist auch sicherlich ein Grund dafür, dass viele Menschen sich an Gott wenden, weil sie das Gefühl haben, dass Gott sie hört, mögen sie auch oft fast verzagen, wenn sie Gottesferne aushalten müssen. Sie sich nicht länger als von Gott gesehen und gehört erleben. Zwischendurch glauben, von ihm nicht erhört zu werden. Was ja auch oft der Fall ist, sie aber dennoch nicht davon abhalten lässt, darauf zu hoffen.

Ich merke, wie ich mich immer mehr von meiner Ausgangs-frage entferne und dabei bin, mich von bestimmten Vorstel-lungen und Erwartungen von Gott zu verabschieden. Ein Klä-rungs- und Reinigungsprozess von Gottesbildern stattfindet. Vielleicht sogar sich eine neue Beziehungsgestaltung anbahnt. Geht das nicht zu schnell? Ich will und werde nichts forcieren. Aber ich werde auch nichts unterbinden, was sich entwickelt.

Gott in Ruhe lassen

Es ist kurz nach 3 Uhr am Morgen. Es regnet. Ich muss an die Psalmworte denken, in denen davon die Rede ist, dass der Verfasser Tag und die Nacht über Gott nachsinnt. „Ich denke an dich auf nächtlichem Lager und sinne über dich nach, wenn ich wache" (Ps 63,7). Er voller Sehnsucht Gott sucht, seine Seele nach Gott dürstet. Doch wird seine Sehnsucht erfüllt? Ein anderer schreit mit lauter Stimme zu Gott (vgl. Ps 142,2), bittet inständig, eine Antwort zu bekommen (vgl. Ps 4, 2). Erhält er eine Antwort? Ich kenne das, die Sehnsucht, das Schreien und dass Gott sich nicht meldet. Doch im Augenblick ist das nicht der Fall. Er ist mir nicht fern. Er ist mir aber auch nicht nahe. Ich kann einfach nicht länger über ihn reden. Auch nicht darüber, wie er zu mir oder ich zu ihm stehe.

Ich will nicht länger Gott „herholen". Nicht länger erwar-ten, dass ich ihn erspüre, seine Nähe erfahre, erahne, dass er da ist. Ich will ihn in Ruhe lassen. Vor dem Einschlafen lese ich in dem Buch *Konklave* von Robert Harris. An einer Stelle heißt es, dass der Haupterzähler Kardinal Laomi und die anderen in der Sixtinischen Kapelle anwesenden Kardi-näle spüren, dass Gott da ist. Ich kenne solche Momente. Zumindest glaubte ich in diesen Situationen, dass es sich so verhält. Es sind Augenblicke, in denen ich das Heilige als das Göttliche, das ganz Andere, das Numinose erfahre. Das, so Martin Buber, „abgesondert – und ausstrahlend" zugleich ist (vgl. Wachinger 2010,89). Solche Erfahrungen gibt es zweifellos. Doch ob da Gott, gar auf eine besondere Weise, anwesend ist?

Ich will die „Gottlosigkeit" aushalten. Nicht mit Gott rechnen. Nicht jetzt. Habe ich Angst, ihn genau damit zu verscheuchen, wenn ich erwarte, dass er da ist? Ich in diesem Moment in Distanz zu ihm trete? Zu Gott, der untergegangen ist in meiner Tiefe? Darin abgetaucht und nicht mehr aufgetaucht ist? Wo ich doch nichts lieber möchte, als dass er bei mir bleibt, mit und ohne besondere Gefühle.

Stille in mir.
In mir Stille.
Sei stille!
Lösche den Geist nicht aus!
Stille in mir.
Sei stille!

Er lässt mich nicht aus

„Timor facit deos" (die Angst lässt uns Götter erschaffen), schreibt der römische Dichter Lucrez. Das würde doch heißen, wir haben Gott erfunden, um besser mit unserer Angst leben zu können. Da gibt es dann jemanden, an den wir uns wenden können, der es für uns richten kann, wenn wir verzagt sind, nicht mehr weiterwissen. Mit Hilfe einer höheren Macht durch die Angst hindurchzugehen ist das eine. Sich aber hinter einer höheren Macht zu verschanzen ist das andere. Das bringt die

Gefahr mit sich, dass wir uns nicht der Angst stellen. Wir das eigene Potenzial, das uns eigentlich zur Verfügung steht, um die Angst bewältigen zu können, brachliegen lassen. Wir der Angst die Macht über unser Leben geben, statt sie in Schach zu halten.

Die Vorstellung, dass Gott ein Produkt meiner Angst, meiner Hilflosigkeit, aber auch meiner Bequemlichkeit sein könnte, ist für mich unerträglich. Es ist ja gerade das Fehlen von Sicherheiten, das von mir verlangt, zu glauben, dass es da etwas, jemanden gibt, auf das, auf den ich treffe, wenn ich in die „Wolke des Geheimnisses" (vgl. Steindl-Rast 2016,79) eintrete. Da geht es um mehr als ein Für-wahr-Halten. Ja, es geht um nichts weniger als zu wagen, „vertrauensvoll auf dem Wasser zu laufen", wohl wissend, dass man jeden Moment auch untergehen und tatsächlich in den Fluten versinken kann.

Ich schaue auf, schaue auf den See Genezareth, von dem mich nur einige Meter trennen. Ich bin erstaunt. Kann das wahr sein? Ist das da vorne nicht Jesus, der vom Berg heruntersteigt, wohin er sich wohl zurückgezogen hat, um alleine zu sein und zu beten (vgl. Mt 14,23)? Jetzt schaut er nach dem Boot, auf dem sich einige seiner Jünger befinden, die er vorher dazu gedrängt hat, an das andere Ufer vorauszufahren. Mit Schrecken stellt er fest, dass sie inzwischen ganz weit draußen fahren und ihr Boot durch den plötzlich aufgetretenen Gegenwind von den Wellen ganz schön hin und her geworfen wird. Kurz entschlossen – ich traue meinen Augen nicht – läuft der doch tatsächlich über den See. Ich höre das Schreien seiner Jünger, die offensichtlich in Panik geraten angesichts dieser Gestalt, die über den See laufend auf sie zukommt. Dann scheinen sie ihn zu erkennen. Und, das darf doch nicht wahr sein. Da versucht doch tatsächlich einer von ihnen, ihm auf dem Wasser entgegenzukommen. So ein Trottel! Was der sich

wohl einbildet. Als könne er es Jesus gleichtun. Jetzt ist Jesus
bei ihnen angekommen. Sie sind noch voller Angst, da ihr
Boot weiterhin gefährlich auf und ab geht. Ich kann nicht verstehen, was er ihnen sagt. Es sieht aber aus der Ferne so aus,
als rede er ihnen gut zu, um sie zu beruhigen.

Jetzt geschieht etwas Eigenartiges. Jesus dreht sich um. Mir
wird ganz anders. Bisher war ich in der Rolle des Beobachters,
der aus sicherer Entfernung dem Geschehen auf dem See zu-
schaute. Er schaut in meine Richtung. Was ihn da wohl interessiert? Ich blicke nach rechts und nach links. Doch da ist
nichts Auffälliges. Er schaut tatsächlich auf mich. Am liebsten
würde ich mich verdrücken. Doch er lässt mich nicht aus. Was
soll ich machen? Jetzt winkt er mich auch noch zu sich. Der
ist wohl nicht ganz bei Trost. Meint der wirklich, dass ich zu
ihm auf das Boot kommen soll? Über das Wasser gehen soll?
Ich zögere. Doch dann ziehe ich los …

Als er aber den heftigen Wind bemerkte, bekam er Angst.
Und als er begann unterzugehen, schrie er: Herr, rette mich!
Jesus streckte sofort die Hand aus, ergriff ihn und sagte
zu ihm: Du Kleingläubiger, warum hast du gezweifelt?
(Mt 14,29–31)

Es bleibt mir nichts anderes übrig als loszuziehen, will ich
nicht der Angst die Macht über mich, mein Leben, geben. Ich
muss bereit sein, mein Leben zu verlieren, will ich es gewinnen. Ja zu sagen zu meinem Leben, aber nicht daran hängen.
Auch weil ich weiß, dass jeder Moment der letzte Augenblick
sein kann, egal, ob ich Angst vor dem Leben habe oder nicht.
Ich entscheide nicht, wann der letzte Augenblick sein wird,
es sei denn, ich gehe freiwillig aus dem Leben. Ich kann mich
aber entscheiden, so zu leben, wie wenn jeder Moment, jeder

Tag der letzte Augenblick, der letzte Tag wäre. „Ein jeder steht allein auf dem Herzen der Erde, getroffen von einem Sonnenstrahl: und gleich ist es Abend" (Salvatore Quasimodo). In diesem gelebten Augenblick ist das ganze Leben von mir versammelt.

Und Gott? Den muss ich mir nicht (erst) schaffen, um mit meiner Angst besser zurechtkommen zu können. Sollte „mein Gott" bisher ein solcher aus der Angst geborener Gott gewesen sein, dann ist es höchste Zeit, dass er verdunstet. Er sich verwandelt. In Luft aufgeht, dafür sorgt, dass es regnen kann, Fruchtbarkeit ermöglicht wird. Er der Tau des Himmels ist, der sich auf uns legt. „Tauet, Himmel, den Gerechten, Wolken, regnet ihn herab."

Gott ist der Tau, er ist die Luft, er ist der Atem. „Du bist mein Atem, wenn ich zu dir bete" (Huub Oosterhuis). Es ist nicht unsere Angst, die ihn kreiert. Wenn uns der Atem stockt, wenn uns die Luft ausgeht, dann versetzt uns das in Angst. Wird es eng. Ja, wenn mir die Luft ausgeht, ich nicht mehr atmen kann, ich mir keine Luft mehr zuführen kann, ist es aus mit mir. Solange ich aber atmen kann, Luft zum Atmen habe, den nötigen Atem habe, ist Leben da, lebe ich. Kann ich sagen: „Ich fürchte kein Unheil" – und jetzt wage ich es, getraue ich mir, es zu sagen – „denn DU bist bei mir" (Ps 23,4).

Ich beginne aufzutauen. Immer mehr weichen die Vorbehalte, mich auf Gott einzulassen. Auf Gott. Ohne jetzt zu wissen, wer Gott ist. Aber auf alle Fälle zu wissen, wer er nicht mehr für mich ist und sein kann. Ich mache mir nicht länger einen Gott, um mit meiner Angst leben zu können, nicht in ihr unterzugehen, nicht zu verzagen. Vielmehr habe ich keine Angst, brauche ich keine Angst mehr zu haben, weil ich, wenn ich atme, wenn ich den Atem des Lebens in mich aufnehme, Gott in mich hereinlasse.

Mir genügt der Mensch Jesus – zumindest fast

Ich sitze am See. Es ist heute wieder etwas wärmer, und das ist angenehm. Ich lausche dem Gesang der Vögel. In der Nähe, in Dalmanutha, wird ein Gottesdienst gefeiert. Es ist der Platz, von dem es bei Markus (8,10) heißt: „Und sogleich stieg er mit seinen Jüngern in das Schiff und kam in die Gegend von Dalmanutha." Es ist ein schönes Plätzchen, an dem ich auch immer wieder verweile, egal ob es tatsächlich der Platz ist, von dem Markus berichtet, oder nicht. Ich höre auf die Gesänge der Pilger, die dort Eucharistie feiern. Die Melodien klingen wehmütig. Sie erinnern mich an die portugiesischen Fado-Gesänge. Die Pilger sind sicher sehr bewegt an diesem Ort, an dem sich nach der Tradition Jesus aufgehalten hat, um Gottesdienst zu feiern.

Ich glaube schon, dass wir, vor allem die Kirchen, Jesus vereinnahmen. Sie haben jemanden aus ihm gemacht, der er gar nicht ist. Es beeindruckt mich, zu erleben, wie viele Pilger hier tagein, tagaus die Stätten besuchen, die sie mit einem Aufenthalt von Jesus und seinem Wirken in einen Zusammenhang bringen. Wie sehr sie das berührt und das auch in den Liedern, die sie singen, den Gebeten, die sie sprechen, zum Ausdruck kommt. Sind sie ihm hier näher? Bin ich ihm hier näher? Begegnen sie ihm hier eher? Begegne ich ihm hier eher? Ich glaube nicht. Aber ich erwarte das für mich auch nicht. Aber ich kann es auch verstehen, dass es für manche Personen viel bedeutet, sich auf die Spuren Jesu im Heiligen Land zu begeben.

Mir genügt aber der Mensch Jesus, zumindest fast. Wenn es etwas Göttliches an ihm gibt, dann zeigt sich das in seiner Person. Das gilt für mich vor allem für die Eucharistiefeier und da die Wandlung. Hier vollzieht sich etwas, was mich tief berührt. Da geschieht für mich die innigste Beziehung zu Jesus. Verspüre ich eine große Resonanz in meinem Innersten von mir hin zu ihm und von ihm zu mir. Ob das mit dem Christus zu tun hat, der auferstanden ist, der uns nicht nur von außen, sondern auch von innen her, in der Seele, entgegentritt und begegnet? Ich weiß es nicht. Ich muss es auch nicht wissen.

„Da sitzt er ja noch, der Jesus!"

Ich bin auf dem Weg zu der Stelle in meiner Nachbarschaft, von der aus man einen wunderbaren Blick auf den See hat. Es soll der Lieblingsort sein, an den sich Jesus zurückgezogen hat, wenn er für sich alleine sein und beten wollte. Ich begebe mich damit nicht auf seine Spuren. Aber ich sehe, was er gesehen hat. Vielleicht fühle ich sogar beim Anblick des Sees, was er gefühlt hat, wenn er hier saß und auf den See schaute: Es ist einfach gut, hier zu sein. Einzuatmen, auszuatmen. Zu leben. Zu sein.

> Einatmen, ausatmen.
> Den Atem, den Odem des Lebens, Gott,
> einatmen, ausatmen, aushauchen.

Ich bete Psalm 23 im Bewusstsein, dass Jesus, der zumindest Teile der Psalmen gekannt haben soll, vielleicht hier stand und mit Blick auf den See und innerlich verbunden mit Gott die gleichen Verse gesprochen hat. Diese Vorstellung lässt mich nicht kalt. Sie berührt mich. Sogar tief.

Der Herr ist mein Hirt, nichts wird mir fehlen.

Er lässt mich lagern auf grünen Auen und führt mich zum Ruheplatz am Wasser.

Meine Lebenskraft bringt er zurück. Er führt mich auf Pfaden der Gerechtigkeit, getreu seinem Namen.

Auch wenn ich gehe im finsteren Tal, ich fürchte kein Unheil; denn du bist bei mir, dein Stock und dein Stab, sie trösten mich.

Du deckst mir den Tisch vor den Augen meiner Feinde. Du hast mein Haupt mit Öl gesalbt, übervoll ist mein Becher.

Ja, Güte und Huld werden mir folgen mein Leben lang und heimkehren werde ich ins Haus des Herrn für lange Zeiten.

Ein Teilnehmer einer kleinen Pilgergruppe, die vom Berg der Seligpreisungen herunterkommt und deren Weg an dieser Stelle, an der ich mich befinde, vorbeiführt, deutet auf mich und sagt laut: „Da sitzt er ja noch, der Jesus!"

Er behütete ihn wie seinen Augapfel

Ich gehe am See entlang. Ich bin alleine. Schrecke die kleinen kaninchenartigen Tiere und den einen oder anderen Vogel auf. Ich atme die Düfte ein, die an Frühling erinnern. Bei einem Steinhaufen halte ich inne und setze mich. Von hier aus habe ich einen guten Überblick auf den See. Ruhe. Ewigkeit. Hier ist Natur. Hier ist Jesus unterwegs gewesen. Gekleidet wie die anderen, die hier lebten. Vielleicht hat er auch, wie ich es tue, Sandalen getragen.

Ich habe mir Gedanken darüber gemacht, wie viel der feierliche, der erhöhte Jesus, dem wir im Gottesdienst begegnen, noch mit dem Jesus, der hier unterwegs war, zu tun hat. Nun, es ist schön, hier zu sei. Es ist aber auch gut, zum Beispiel am Sonntag in die Kirche zu gehen, um auf eine, wie ich meine, besondere Weise auch dort Jesus zu begegnen. Ich gehe jedenfalls auch deswegen am Sonntag dorthin. Dabei weiß ich sehr wohl und bin, so gut es mir gelingt, auch offen dafür, jeden Tag im anderen, den Menschen, denen ich tagtäglich begegne, Jesus zu begegnen, so schwer es mir auch manchmal fällt und so inkonsequent ich auch oft bin, wenn es um die konkreten Konsequenzen geht, würde ich es wirklich ernst meinen.

Ich bleibe noch eine Weile am See sitzen, genieße das wunderschöne Frühlingswetter und die Sonne, die mir meinen letzten Tag in Tabgha verschönen. Meine Gedanken gehen in die Zeit, als ich mich vor über 40 Jahren einen Tag lang in der Wüste bei Mitzpe Ramon aufhielt. Damals berührte folgende Stelle aus dem Buch Deuteronomium (32,9–11) mein Herz:

Denn des HERRN Teil ist sein Volk,
Jakob ist sein Erbe.
Er fand ihn in der Wüste,
in der dürren Einöde sah er ihn.
Er umfing ihn und hatte Acht auf ihn.
Er behütete ihn wie seinen Augapfel.
Wie ein Adler ausführt seine Jungen
und über ihnen schwebt,
so breitete er seine Fittiche aus
und nahm ihn und trug ihn auf seinen Flügeln.

Es berührt mich auch jetzt, wenn ich diesen Text aus meiner Lutherbibel, die ich damals in die Wüste mitgenommen hatte, erneut lese. Übertrage ich diesen Text auch jetzt wieder auf mein Leben und sehe mich in Jakob, wie ich es auch damals getan hatte, ja dann, ja, was dann ...? Dann kann ich nur sagen, ich habe in diesen vergangenen Jahrzehnten Höhen und Tiefen erlebt. Ich bin an Grenzen gestoßen. Ich bin verletzt worden und habe andere verletzt. Ich habe mich auf einen Weg eingelassen, von dem ich mir nicht immer sicher war, ob es mein Weg ist. Von dem ich aber im Rückblick sagen kann: Es ist mein Weg gewesen. Auch, weil ich ihn zu meinem Weg gemacht habe.

Ich habe mich dabei meistens dem überlassen, den ich Gott nannte, und die Erfahrung gemacht, dass ich damit gut gefahren bin. Das klingt so dahingesagt, so selbstverständlich. Doch ganz so selbstverständlich meine ich es nicht. Ich kann auch sagen, dass ich den Eindruck hatte, auf diesem Weg nicht alleine auf mich gestellt und angewiesen gewesen zu sein. Da haben mich viele Menschen begleitet. Doch ich meinte auch das Wirken einer anderen Macht zu spüren. Sie wirkte auf eine unsichtbare Weise, fügte, dass in meinem Leben geschah, was geschehen sollte. Wie wenn diese Macht auf eine geheimnisvolle Weise mit unsichtbaren Fäden die einzelnen Ereignisse meines Lebens, meine Lebensentscheidungen zusammenfügte und zu einem Ganzen machte. Dabei war diese Macht mir weit voraus. Als hätte sie jetzt schon den Überblick über mein ganzes Leben, während ich, eingetrübt und eingeschränkt, wie mein Blick ist für das, was kommt, was sein soll, irgendwie immer hinterherhinke. Auch wundert es mich nicht, dass ich mich immer wieder genötigt sah, meine Richtung zu ändern, Korrekturen vorzunehmen, da ich mich offensichtlich verrannt hatte, aus der Spur gekommen war und es mir deswegen auch seelisch schlecht ging. Bis ich die notwendige, ja die Not wendende Korrektur vornahm, um wieder auf meinen Weg zu gelangen, auf „die rechte Bahn" zu kommen, die mir zugedacht war und ist. War, ist da G. am Wirken? Dann habe, hätte ich keinen Grund, warum ich mich nicht auch weiterhin dieser Kraft – G.?, Gott, DIR – überlassen könnte. Genau das werde ich tun.

Eine schwere Geburt liegt hinter mir

Es ist früh am Morgen. Ich liege noch in meinem Bett. In meinen Träumen bin ich hin- und hergeworfen worden. Etwas ist mit mir und in mir geschehen. In meinem Traum bekomme ich Besuch. Ich muss nicht länger warten. Eine schwere Geburt liegt hinter mir. Noch spüre ich die Nachwehen. Was hat doch wieder Pater Zacharias, 82 Jahre alt, mir gestern Abend, als wir bei einem Glas Wein zusammensaßen, gesagt? „Gott ist da, vor mir, Jesus ist da neben mir. ER geht mit mir – zu Gott."

> Du bist da,
> Jesus,
> neben mir.
> Mit dir,
> Jesus,
> gehe ich zu Gott.

Ich sitze ein letztes Mal vor meiner Hütte mit Blick auf den See. Ich lausche dem Plätschern des Wassers. Da und dort singt ein Vogel. Ich kann Gott lassen. Ich kann ihn lassen, da wo er ist. Ich muss nicht an ihm herumzerren, ihn dahin zerren, wo ich ihn haben will. Ich kann ihn, viele Bilder, die ich von ihm habe, loslassen. Ich kann aber auch mein Verlangen, meine Sehnsucht nach ihm, zulassen. Ihr freien Lauf lassen.

Teil II

Die Nachwehen

Ich bin verunsichert

Ich bin zurück aus Israel. Die Gesänge von Tabgha, vor allem der Vigil, steigen in mir auf. „Kommt, lasst uns niederknien vor dem Herrn [...], dem Herrn, unserem Schöpfer." Die Begrüßung der Schöpfung am frühen Morgen, wenn zunächst alles noch im Dunkeln liegt und allmählich der Tag anbricht. Es sind die Momente, in denen ich die Nähe, die Verbundenheit mit der Schöpfung besonders stark empfinde.

Meine Entscheidung, meine Zweifel an Gott, seiner Existenz, zuzulassen, und die Erfahrungen, die ich dabei in Israel gemacht habe, wirken nach. Nachwehen treten auf. Auch wenn ich am Ende meines Aufenthaltes wieder zu Gott zurückgefunden habe, ist es nicht mehr wie vorher. Immer wieder tauchen auch weiter Vorbehalte auf, was Gott betrifft. Überlegungen, die ich mir vorher nicht gestattet hatte, drängen sich jetzt nach vorne. Sie lassen sich nicht länger stoppen. Die über Jahrzehnte eingespielte Rücksichtnahme auf das, was die Kirche sagt, die Zensur durch sie, der ich mich oft unreflektiert unterworfen habe, lässt nach. Ihr Einfluss lässt nach. Das passiert in einem Tempo und in einer Radikalität, dass es mir zwischendurch fast schwindelig wird, da ich meines bisher gewohnten, wie ich dachte, sicheren Standes, was Gott, Jesus und die Kirche betrifft, enthoben werde. Vieles von dem einstürzt, an was ich bisher auch aus Gewohnheit, Bequemlichkeit, aber auch Angst festgehalten habe.

Ich bin verunsichert. Ich frage mich: Halte ich mich schon wieder zu schnell an Gott fest? Habe ich ihn wirklich losgelassen? Ist es nicht ehrlicher oder werde ich ihm nicht eher gerecht, wenn ich ihn wirklich loslasse? Also es lasse, mir Gedanken über ihn zu machen? Ihn einfach lasse, auch machen lasse? Ach, ich weiß es einfach nicht. Zwischendurch habe ich manchmal das Gefühl, dass Gott auf Urlaub ist. Jedenfalls aus meinem Leben und meiner Lebenswelt verschwunden ist. ER jedenfalls nicht länger so präsent in meinem Leben ist, wie das einmal war. „Ich bin dann mal weg."

Und jetzt? Ja und jetzt er möglicherweise endlich einmal von mir die Chance eingeräumt bekommen sollte, ohne viel Drumherum einfach nur da zu sein. Also nicht ständig erwartet zu werden, sich zu zeigen, mir seine Nähe zu schenken. Das kann einen ja auch nerven, wenn man unter einem solchen Erwartungsdruck steht. Der andere gar nicht merkt, dass er einen damit eher auf Distanz gehen lässt. Die frei geschenkte, selbstverständliche Zuneigung, die man ihm gibt, von ihm gar nicht mehr gesehen und gewürdigt wird, da er anscheinend nicht genug bekommt. Ich muss mir noch mehr bewusst machen: Gott, wenn es ihn gibt, wirkt im Verborgenen. Er wirkt von alleine. Ihm muss ich, muss niemand nachhelfen. Wenn es ihn gibt, wird er sich bemerkbar machen. Ich muss mich nicht um ihn bemühen. Das auszuhalten ist manchmal schwer. Aber ich will es aushalten, und ich werde es aushalten.

Meine Umgebung reagiert unterschiedlich, wenn ich davon spreche, dass ich während meines Aufenthaltes in Tabgha die Entscheidung getroffen habe, meine Zweifel, ob es Gott gibt, bewusst zuzulassen. Insgesamt fallen die Reaktionen eher zurückhaltend aus. Ich bin etwas erstaunt, dass für viele Personen aus meinem näheren und weiteren Umfeld das keine Frage ist. Sie ganz selbstverständlich davon ausgehen, dass es Gott gibt. Manche hören mir einfach nur höflich zu, wenn ich von meinen Erfahrungen berichte. Andere wieder können mich gut verstehen, fühlen sich davon angesprochen. Sie deuten an, dass sie das auch von sich kennen. Julia sagt, ohne Gott zu leben, würde für sie bedeuten, nicht länger zu atmen. So selbstverständlich gehört Gott zu ihrem Leben. Bei ihr klingt das überzeugend. Sie kann es aber gut hören, wie ich das erlebe.

Bei manchen, denen ich von meinem „Problem" mit Gott erzähle, mache ich die Erfahrung, dass sie mich gar nicht ausreden lassen. Oder sie bringen sehr schnell Einwände vor, verallgemeinern, was ich sage. Ich finde das schade und höre dann oft auf, weiterzuerzählen. Es lässt mich aber auch alleine oder gar einsam zurück. Ich habe in ihrem Fall den Eindruck, dass sie mich wirklich nicht hören oder aber auch nicht hören wollen. Wie wohltuend ist es da, wenn ich auf jemanden treffe, mit dem ich mich über das, was mich seitdem bewegt, austauschen kann und dabei das Gefühl habe, verstanden zu werden. Auch das darf ich erfahren. In solchen Gesprächen ergeht es mir dann, wie es Paul Tournier (1986,8) beschreibt, wenn ein Gespräch gelingt:

Sich verstanden fühlen, das ist es, was einem im Leben hilft; man kann dann irgendein schwieriges, sogar unlösbares Problem anpacken, ohne sich selbst untreu zu werden. Minuten der Wahrheit, des Vertrauens, der starken Erregung, für ihn, aber auch für mich! Ich habe nicht nur mit dem Verstand begriffen, sondern auch mit dem Herzen. Auch ich werde nachher nicht mehr derselbe sein. Es ist zu einem geheimnisvollen Widerhall zwischen uns gekommen, es hat ein persönlicher Kontakt stattgefunden, der mich ebenso verpflichtet wie den anderen.

Wie ganz anderes ist die Erfahrung, wenn ich vom anderen keine Resonanz vernehme. Das, was ich sage, bei ihm nicht auf einen Resonanzboden fällt. Gilt das nicht aber auch für Gott?, frage ich mich. Habe ich mich in den vergangenen Wochen von ihm verstanden gefühlt? Hat er mich gehört? Ist das, was mich existentiell bewegte, bei ihm angekommen? Das alles sind Fragen, die ich hin- und herbewegen kann, die Antworten, die ich dafür finde, abwägen kann. Vermutlich bis zum Sankt-Nimmerleins-Tag. Ich werde aber keine Antwort darauf bekommen. Jedenfalls nicht *die* Antwort. So begnüge ich mich damit, wieder Zugang zu Gott gefunden zu haben und das Gefühl zu haben, dass von ihm etwas zu mir herübertönt, widerhallt. Ich jetzt das Gefühl habe, gehört zu werden. Auch getragen zu sein? Das stimmt irgendwie nicht. Eher von dieser Kraft, die wir Gott nennen, umfangen oder, wie es Martin Buber bezeichnet, umfasst zu sein.

Mir selbst aber wird es immer klarer, wie richtig meine Entscheidung gewesen ist. Ich bin dadurch sensibler dafür geworden, wie schnell Gott bei mir für etwas herhalten muss. Ich ihn für etwas in Anspruch nehme, mit dem er mitunter gar nicht so viel zu tun hat. Ganz abgesehen davon, dass er dafür mitunter gar nicht in der Weise zuständig ist, wie wir, wie ich es oft selbstverständlich annehme. Einmal muss er dafür herhalten, dass ich die Prüfung bestehe; das Wetter morgen schön wird. Dann soll er sich darum kümmern, dass die Menschen endlich friedvoll miteinander umgehen; die hungernden Kinder etwas zum Essen haben ... Die Liste könnte ich endlos fortführen. Ich meine es nicht despektierlich, wenn ich diese Beispiele nenne, und gehöre auch zu denen, die dafür Gott in Anspruch nehmen. Auch sehe ich einen Sinn dahinter, kann es gut nachvollziehen, eine höhere Macht anzurufen, wenn ich an meine Grenzen stoße. Andererseits sehe ich aber auch die

Gefahr, zum einen Gott mit Belanglosigkeiten zu beschäftigen, zum anderen, ihn für etwas bemühen zu wollen, wo es zunächst wichtig wäre, dass wir uns darum bemühen. Zum Beispiel, dass es weniger hungrige Kinder gibt und mit vollem Bauch für die Hungrigen zu beten und zu bitten, ohne konkret selbst etwas zu tun, zumindest ein schales Gefühl hinterlässt.

Immer wieder werde ich auch damit konfrontiert, eine welch große Bedeutung Gott einnimmt, um mit seiner Hilfe meine Angst zu besänftigen. Da nimmt er, das wird mir zunehmend klar, auch eine Rolle wahr, die ihm nicht gerecht wird. Wo er mitunter auch durch mich missbraucht wird. Oder aber auch für etwas herhalten muss, was mich letztlich schwächt oder hilflos zurücklässt, weil ich Gott die Verantwortung für etwas aufdrücke, wofür ich verantwortlich bin: mich meiner Angst zu stellen, ihr ins Gesicht zu sehen und ihr zu zeigen, dass ich stärker bin als sie. Gerne mit Gott im Rücken als Unterstützung. Da muss ich noch näher hinschauen und korrigieren, wie immer das auch aussehen mag.

Altes verabschieden, damit Neues entstehen kann

Ansonsten steht bei mir eine neue Phase in meiner Glaubensentwicklung an. Will ich, dass mein Glauben weiterhin für mein Leben wichtig und sinnvoll und in der Lage ist, in mein Leben hineinzuwirken, muss ich mich, wie das ja auch für meine sonstige Entwicklung gilt, in meinem Glauben weiterentwickeln. Vieles, was ich augenblicklich erlebe, spricht dafür, dass ich mich neu recken und strecken, Altes ablegen, Neues zulassen muss, damit der Glaube weiterhin mein Glaube sein kann, der einen wichtigen Platz in meinem Leben einnimmt.

Ich träume, ich soll predigen. Unmittelbar vor der Predigt stelle ich fest, dass ich den falschen Predigttext dabeihabe. Ich entschließe mich, trotzdem – frei – zu predigen, obwohl mir zunächst von meiner ursprünglichen Predigt nichts mehr einfällt. Genau das ist es, worum es jetzt geht: mich nicht länger auf irgendwelchen vorgegebenen Text zu verlassen. Hinter mir zu lassen, was mir bisher „Sicherheit" gegeben hat. Mich einfach – vertrauensvoll – auf das Unsichere einzulassen. Beginnt nicht erst da Glauben? Was aber heißt das in der augenblicklichen Situation?

Nichts erwarten, nichts bewirken wollen – vielleicht ist das die angemessenste Weise, mit Gott „umzugehen". Gott in Ruhe lassen, Gott lassen, loslassen, einfach sein lassen. Ich vermute, dass ich viel abtragen muss, soll ich – wieder – zu Gott finden oder überhaupt zum ersten Mal in meinem Leben eine Ahnung von Gott bekommen. G., wenn es ihn gibt, eine Chance hat, sich mir zu zeigen. Nur wenn ich weiterhin gottabstinent bleibe, habe ich vermutlich überhaupt eine Chance, dahin zu kommen. Sonst ist es wieder nur das, was ich mir wünsche, dass es so ist. Etwas, das ich von anderen aufgeschnappt habe. Was andere wollen, dass ich glaube. Dabei bin ich ja jetzt schon inkonsequent. Einmal ist Gott für mich da, dann ist er es wieder nicht. Aber das ist es, was augenblicklich in mir abläuft. Jetzt, wo ich zumindest mehr, als das bisher in meinem Leben der Fall war, dafür offen bin, Gott in Frage zu stellen. Also will und werde ich diese Schwankungen zulassen. Schauen, was sich am Ende durchsetzt.

Ich denke an den Mönch, der sich für eine längere Zeit in einer Großstadt, fern seiner Gemeinschaft, eine Auszeit gönnt. In dieser Zeit, in der er eintaucht in das Leben der Großstadt, ganz unterschiedliche Menschen trifft, mit deren Lebenssituation sich auseinandersetzt, fällt von ihm mit der Zeit ab, was ihn bisher durch sein geregeltes Klosterleben und seine dort gepflegte Gebetsdisziplin geprägt hat. „Ich bewege mich zunehmend auf dünnem Eis", meint er. Er will damit sagen, dass er sich nahe am Gottesverlust befindet. Es fehlen ihm inzwischen oft die Worte, die er bisher für Gott gebrauchte. Die Gedanken über ihn, die er bei anderen gefunden hat oder auf die er selbst gekommen ist, überzeugen ihn nicht länger. Sie klingen für ihn hohl, nichtssagend. Ich denke bei mir, endlich ist er so weit und Gott sei Dank. Er befindet sich nach meiner Einschätzung auf einem guten Weg, Gott näherzukommen, näher als je zuvor in seinem Leben.

Es ist und bleibt ein ständig neu anzugehendes Unterfangen, auch ein Wagnis, sich auf Gott einzulassen, mit ihm zu rechnen, ihn zu finden. Da ist nichts selbstverständlich, mag es einem noch sosehr in heiligen Schriften, frommen Traktaten und gut gemeinten Predigten zugesagt werden. Um Gott zu finden, muss ich ihn erst lassen. Muss ich mich von allen Bildern, die ich von ihm bisher hatte, freimachen. Das aber fällt mir nicht leicht. Zu sehr haben sich in mir Bilder von Gott breitgemacht, die mir vertraut sind und die zu lassen mich einsam zurücklassen und mich traurig stimmen. Noch schwerer fällt es mir, auf – den von mir erdachten? – Gott zu warten.

Zufällig entdecke ich in einer Ausgabe der Wochenzeitschrift Christ in der Gegenwart (Nr. 7, 2017, 77) folgenden Text des protestantischen Theologen Paul Tillich:

Wir sind stärker, wenn wir warten, als wenn wir besitzen. Wenn wir Gott besitzen, so reduzieren wir ihn auf den kleinen Ausschnitt, den wir von ihm erfahren und begriffen haben, und wir machen ihn zu einem Götzen […], wenn wir wissen, dass wir ihn nicht kennen, und wenn wir auf ihn warten, um ihn zu erkennen, dann wissen wir wirklich etwas von ihm, dann hat er uns ergriffen und erkannt und besitzt uns. Dann sind wir Glaubende in unserem Unglauben, und dann sind wir von ihm bejaht trotz unseres Getrenntseins von ihm.

Mir fällt ein Erlebnis von Karl Barth ein, der als Fünfjähriger am Palmsonntag den ganzen Tag damit verbrachte, die Gardinen hochzuhalten und nach draußen zu schauen – in der freudigen Erwartung, dass Jesus gleich vom Bremgartenwald nach Bern einziehe. Gefragt, ob er nicht am Abend enttäuscht gewesen sei wegen der „Parusieverzögerung", antwortete er: „O nein, keineswegs! Vielmehr habe ich gedacht, wenn das Warten auf ihn schon so schön war, wie schön wird es erst sein, wenn er tatsächlich eintrifft!" (in: Busch 2011, 686).

Unsicherheiten aushalten

Also: Unsicherheiten aushalten, warten können. Nicht auf Nummer sicher gehen wollen. Mich auch mit Ungeklärtem zufrieden geben. Das gilt auch für meine, für unsere Gespräche mit Gott. Gespräche mit Gott sind für den einen tatsächlich Gespräche mit Gott, an den sie sich in ihrer persönlichen Not wenden. Für andere sind es nicht mehr als Gespräche mit unserem Selbst, schreibt Viktor Frankl (2015, 100). „Und sollte es Gott geben, so bin ich soundso davon überzeugt, dass er es nicht übelnimmt, wenn ihn jemand mit seinem Selbst verwechselt."

Ich setzte den Fuß in die Luft
und sie trug
(Hilde Domin)

90

Wie schön wäre es, könnte ich das mit Hilde Domin auch von mir sagen. In Wirklichkeit fühle ich mich so haltlos, seitdem ich die Sicherheit in Gott aufgegeben habe. Wie gerne würde ich mich IHM einfach überlassen, wie ich das früher getan habe. Aber ich kann und will es nicht mehr tun. Ich will die Haltlosigkeit, die Bodenlosigkeit aushalten. Sind sie die Wirklichkeit, vor der ich mich bisher verschlossen habe? Der ich mich jetzt aber stellen muss? Stellen will? Ich weiß es nicht.

Ich will es aushalten, dass ich zum Beispiel keine Sicherheit bekommen werde, ob es sich bei meinem Gespräch mit Gott tatsächlich um ein Gespräch mit ihm oder lediglich mit meinem Selbst handelt. Ich finde aber den Gedanken, bei meinem Gegenüber könnte es sich um mein Selbst handeln, interessant. Dieses Gegenüber ist mir sehr vertraut. Es ist mir zwar großenteils unbewusst, aber es bleibt innerhalb meiner Grenzen, sosehr es mich auch weitet, mir Zugang zu einer Welt verschafft, die über mein bewusstes Ich hinausgeht. Ich gelange über mein Selbst in einen Bereich, der mich sensibler macht für das, was über mich hinausführt. Daher will ich mich auch meinem Selbst überlassen. An sein Wirken glaube ich. Nichts in mir sträubt sich dagegen, mich ihm zu überlassen. Außer natürlich mein Ego. Das wehrt sich dagegen. Muss es doch Macht abgeben. Allein das kann ich ihm nicht ersparen, so wichtig es nach wie vor bleibt. Doch es hat auch die Tendenz, festzuhalten. Um mich zu kreisen. Mir die Dinge so zurechtzuschneidern, dass sie für mich passen. Jetzt ist aber angesagt, dass ich „weiter" werde, Neues zulasse. Das aber erfordert von mir, loszulassen. Auch loszulassen von einem Bild, einem Verständnis von Gott, das meinen Blick auf ihn eher entstellt, als dass es mich ihm näher bringt.

Was also soll ich tun? Genau das, was ich gerade tue. Unablässig beten, indem ich bete, auch wenn ich nicht bewusst bete. Ich im ständigen Bewusstsein der Anwesenheit des „ich bin der, der ich bin: da" lebe. Alles, was sonst geschieht, auch meine Gebete, sind nicht mehr als ein Tanz um diese Anwesenheit. Vielleicht auch zwischendurch ein Tanzen mit dieser Anwesenheit? Doch da will ich zurückhaltend sein. Will ich mir doch nicht wieder zu schnell etwas zurechtlegen und behaupten. Denn, so der Rabbiner Abraham Heschel, je mehr ich mich mit meinen Reflexionen über das Licht dem Licht nähere, desto mehr treten meine Reflexionen über das Licht in den Hintergrund. Desto weniger vermögen sie es zu beschreiben und zu fassen. Vielleicht ist die Tatsache, dass mir die Worte fehlen, zu beschreiben, was das Licht, was G. ist, ein Zeichen dafür, dass ich dem Licht, dass ich G. nahe bin. Aber nur vielleicht, so schön es auch wäre.

Den Weg in meine Tiefe gehen

In mir brodelt es. Ich habe das Gefühl, Gott in Frage zu stellen, den ganzen kirchlichen Überbau, was Gott und Jesus betrifft, zu hinterfragen hat mich ganz schön mitgenommen. Mich in eine Krise versetzt. Darum geht es ja auch im Augenblick: um eine Entscheidung, eine entscheidende Wendung, so die ursprüngliche Bedeutung von Krise. Was hier in mir geschieht, rüttelt an den Grundfesten meines Lebens. Es verunsichert mich. Es lähmt mich streckenweise. Zugleich spüre ich aber auch, dass es eine notwendige und längst fällige Erschütterung ist. In mir muss etwas durcheinandergewirbelt werden. Vielleicht muss auch etwas zusammenstürzen, damit ich endlich „sehen" kann, was ich bisher nicht sehen konnte. Was aber wichtig ist zu sehen. Ich vertraue darauf, dass mich diese Krise dahinbringt.

Im Traum gehe ich die Via Dolorosa in Jerusalem entlang. Jeder muss seine Via Dolorosa gehen. Da geht es uns wie Jesus. Wohin führt mich meine Via Dolorosa? Ich hoffe, dass sie mich in die Tiefe führt. Das ist der Weg, der für mich ansteht. Ich will diesen Weg gehen. Er wird mich, davon bin ich überzeugt, zu dem ersehnten Ziel führen, bei dem am Ende die Auferstehung stattfindet.

Also trete ich den Weg in meine Tiefe an. Schaue, was auf dem Weg dahin geschieht. Alles Äußere, auch beten, Eucharistie feiern werde ich weiterhin praktizieren. Es wird, so vermute ich, dabei eine immer geringere Rolle spielen. Wird eher Begleitmusik sein, die mich auf dem Weg in die Tiefe begleitet. Der ich gerne lausche. Doch was ich suche, worauf ich warte, kommt mir nicht von außen, sondern aus der Tiefe entgegen. In sie will ich mich versenken, um einmal ganz in ihr zu versinken.

Bei diesem Weg in die Tiefe ist es mir zwischendurch unheimlich zumute. Es ist kaum auszuhalten. Ich fühle mich so nackt. Ich weiß nicht, wohin ich mich wenden kann. Ich fühle mich hilflos, unsicher, orientierungslos. Es bleibt mir aber nichts anderes übrig, will ich es nicht dabei belassen, dass meine Gespräche mit Gott nicht viel mehr sind als Gespräche mit meinem Selbst. Zugleich ist mir natürlich bewusst, dass es nie so sein wird, nie so sein kann, jemals zu Gott – sollte es ihn geben – durchzudringen.

Es sei denn, es sei denn, so meldet sich eine Stimme in mir, leise, hoffnungsvoll, ich falle tief genug und dringe vor bis zu ihm. Wenigstens mehr als bisher. Trete ein in SEINE Welt, ohne damit zu sagen, dass die Welt, in der ich mich augenblicklich befinde, nicht auch seine Welt ist. Was ich meine, ist: Löst sich das auf, was mich bisher daran hindert, zu jener inneren Wachheit und Sensibilität zu finden, die mich empfänglicher und sensibler macht für das Ewige. Ich besser in der Lage bin, in jene Sphäre einzutauchen, die mich noch mehr das erahnen lässt, was es „gibt", auch wenn es für mich nicht sichtbar ist.

Es ist die Sphäre des Geheimnisvollen, für die ich noch sensibler, empfänglicher werden möchte. Auch weil ich darin einen Weg sehe, mehr von Gott zu erahnen. Was also sollte mich dann eigentlich noch davon abhalten, ohne Zögern in die Wolke des Großen Geheimnisses einzutauchen? Meinem Verlangen danach nachzukommen? Also mache es doch! Da gibt es dann keine Zweifel, keine Fragen mehr. Da gibt es nur noch ein Mich-Überlassen, wo alles um mich herum, aber auch alles in mir, bedeutungslos wird. Nur noch *der* Bedeutung hat, der der Grund und die Quelle allen Lebens und damit auch meines Lebens ist.

Sakramente gegen Cash

Diese Bewegung hin zu Gott kann mit Hilfe der Kirche, aber auch ohne ihre Mithilfe geschehen. Denn alles, was die Kirche anbietet, um zu Gott vordringen zu können, ist genauso begrenzt, wie das für jeden Normalsterblichen gilt. Auch die Kirche kocht nur mit Wasser, mag sie auch den Eindruck vermitteln, Gott näher zu sein, ein besonderes Verhältnis zu ihm zu haben, über Zugänge zu ihm zu verfügen, die anderen vorenthalten werden, gar den Gnadenstrom Gottes vermitteln und steuern zu können. Mir fällt ein Interview mit Kardinal Gerhard Müller ein, in dem er damit protzt, dass die Katholiken über sieben Sakramente verfügen im Unterschied zur evangelischen Kirche, die nur drei Sakramente hat.

Tatsache ist nach meiner Überzeugung, dass die Kirche Gott natürlich nicht näher ist, als grundsätzlich jeder Mensch Gott nahe sein kann. Sie mag das zwar von sich behaupten, dass es sich so verhält. Aber es ist nicht mehr als eine Behauptung. Sollte sich Gott dadurch vereinnahmt fühlen, wird er sich vermutlich nicht dagegen wehren. Wer ist für ihn schon die Kirche? Da werden sich noch manche kirchlichen Würdenträger, darunter auch Päpste, wundern, wenn sie eines Tages vor Gott stehen und er sie nach ihrem Namen fragt, weil er sie nicht kennt. Jedenfalls nicht so, wie sie es erwartet haben, mit Titel etc., sehr wohl aber so, wie er jeden Menschen grundsätzlich kennt und um ihn weiß.

Damit komme ich an den Punkt, an dem ich die stärksten Nachwehen und Auswirkungen meiner Entscheidung, nicht länger selbstverständlich davon auszugehen, dass es Gott gibt, registriere und spüre. Es betrifft mein Verhältnis zur Kirche. Hier ist bei mir vieles in Bewegung geraten und befindet sich noch in Bewegung. Es musste und muss wohl auch endlich in Bewegung geraten, um, so wird mir immer mehr deutlich, am Ende nicht doch noch Gott zu verlieren. Was ich dabei zunehmend merke, ist, wie sehr Gott und Kirche in meinem Bewusstsein immer mehr auseinanderrücken. Das aber, so mein Eindruck, gut ist für mein „Verhältnis" zu Gott und mein Verhältnis zur Kirche.

Wie hält es die Kirche mit Gott?, frage ich mich immer öfter. Was hat sie mit ihm zu tun? Hat sie überhaupt etwas mit ihm zu tun? Verkauft die Kirche Gott? Sagt sie einfach oder behauptet sie einfach: Dafür sind wir zuständig und wer da etwas will, der muss zu uns kommen? Wenn er bestimmte Vorschriften erfüllt und entsprechend dafür bezahlt, bedienen wir ihn. Gnade gegen Geld. Sakramente gegen Cash. Ist es nicht tatsächlich so? Macht sich die Kirche da aber nicht etwas vor, wenn sie so selbstverständlich mit etwas „operiert", das sie Gott nennt?

Ich muss an das Märchen „Des Kaisers neue Kleider" denken. Wir reden uns ein, das neue Kleid zu sehen, weil wir ja sonst für dumm und ungläubig erachtet werden. Aber tatsächlich ist da nichts. Und wenn wir ehrlich sind, ist da doch zumindest zunächst einmal auch wirklich nichts. Da ist kein Gott, der über allem erhaben ist. Der um uns weiß. Der uns inniger ist, als wir uns selbst inne sind. Der uns liebt usw. Wir predigen und sagen das zwar immer und immer wieder. Manchmal auch so laut, dass man sich fragt, sind wir selbst so wenig davon überzeugt, dass man es sich selbst immer wieder laut vorsagen muss?

Als religiös sozialisierter Mensch, der sein Leben lang einer Kirche angehört und von ihr geprägt worden ist, wagt man es ja kaum, so etwas zu denken, geschweige denn zu schreiben oder öffentlich davon zu reden. Denn allein schon solche Gedanken zuzulassen mag für manchen bereits ein Sakrileg, eine Häresie sein. Aber genau das ist doch verdächtig: zu versuchen, Gedanken zu unterdrücken, die dem gängigen, in der Kirche vorgeschriebenen Denken widersprechen. Warum sollte das nicht möglich sein? Vor was hat man denn Angst? Die Angst, mit der eigenen Unsicherheit konfrontiert zu werden? Die Befürchtung, sich zugestehen zu müssen, dass man tatsächlich nichts Handfestes in der Hand hat? Man letztlich tatsächlich nackt dasteht?

Dennoch meine ich, dass es wichtig ist, auch einmal die Vorstellung, den Gott, den wir lauthals verkünden, gibt es möglicherweise nicht, aushalten zu können. Die Unsicherheit, die Ehrlichkeit, die damit einhergehen, stünden der Kirche, stünde jedem Mitglied einer Kirche gut an. In dem Märchen *Des Kaisers neue Kleider* bedarf es der unverdorbenen Natürlichkeit eines Kindes, damit der Schwindel auffliegt. Doch, so heißt es am Schluss des Märchens: Der Kaiser erkennt, dass das Volk recht zu haben scheint, entscheidet sich aber, „auszuhalten", und er und der Hofstaat setzen die Parade fort. Das kommt einem irgendwie bekannt vor. Es erinnert mich an eine Lieblingsgeschichte von C. G. Jung, die zu erzählen ich nicht müde werde, da sie inzwischen auch zu meiner Lieblingsgeschichte geworden ist, wenn es darum geht, aufzuzeigen, wie sehr die Kirche dabei ist, sich selbst ad absurdum zu führen.

Das Wasser des Lebens, beseelt von dem Wunsch, sich auf der Erde zu zeigen, sprudelte unablässig und ohne Anstrengung aus einem natürlichen Brunnen. Die Menschen kamen von überall her, um von dem magischen Wasser zu trinken, und spürten, dass es sie nährte, da das Wasser so klar, so rein und belebend war. Doch die Menschen waren nicht zufrieden damit, die Dinge in ihrem paradiesischen Zustand zu belassen. Mit der Zeit fingen sie an, einen Zaun um den Brunnen zu bauen, Eintrittsgeld zu verlangen, Besitzansprüche auf das Grundstück zu erheben. Sie schufen Vorschriften, wer Zutritt zum Brunnen hat und wer nicht, und brachten Schlösser an die Zugangstore an. Sehr bald war der Brunnen im Besitz der Mächtigen und der Elite. Das Wasser ärgerte sich darüber und empfand das als eine Beleidigung. Es hörte auf zu fließen und begann an einem anderen Ort zu sprudeln. Die Leute, die das Grundstück rund um den ersten Brunnen besaßen, waren so beschäftigt mit ihren Machtsystemen und Besitzansprüchen, dass sie gar nicht mitbekamen, dass das Wasser aufgehört hatte, zu fließen. Sie fuhren fort, das nicht vorhandene Wasser zu verkaufen, und nur wenige merkten, dass die ursprüngliche Kraft des Wassers verlorengegangen war. Aber einige Unzufriedene machten sich mit großem Mut auf die Suche nach dem neuen Brunnen.

Das Leben aushalten ohne Gott

Mir fällt es schwer, auf Gott zu verzichten. Ich kann aber auch die Menschen verstehen, die ohne Gott leben können. Ich möchte sogar ergänzen, gut ohne Gott leben können. Je nachdem, was für eine Vorstellung sie von Gott haben, sogar besser ohne Gott leben können. Warum sollte es ihnen auch schlechter gehen?

Diskussion mit D. Sie vermisst nichts, wenn sie ein Leben ohne Gott lebt. Es geht ihr eher besser ohne ihn. Gar nicht zu reden von der Kirche, mit der sie schon einmal gar nichts anfangen kann. Die Vorstellung, dass mit dem Tod alles aus ist, hat für sie etwas Befreiendes. Da geht es ihr wie dem griechischen Philosophen Epikur. Nach ihm geht der Tod uns nichts an, denn solange wir leben, ist er nicht da, und wenn er da ist, sind wir nicht länger da. Was D. von Gott sagt, sagt sie klar und gut überlegt. Was kann, was soll man dem entgegenhalten?

Warum regen sich manche so sehr darüber auf, dass die Menschen nicht mehr an Gott glauben? Sie klagen über die Gottlosigkeit unserer Zeit. Oft schwingt dabei auch eine Kritik an den Menschen mit, die das betrifft. Dabei geht man in der Regel davon aus, dass man der Bessere ist, den anderen irgendwie voraus ist. Ich finde das überheblich. Auch vermag ich, wenn ich genauer hinschaue, was es denn ist, worin sich jene, die an Gott glauben, von denen unterscheiden, die nicht an Gott glauben, keinen großen Unterschied auszumachen.

Ist es wirklich so schlimm, dass viele Menschen nicht mehr an Gott glauben oder immer weniger Menschen einer Kirche angehören? Nach neueren Untersuchungen glaubt zum Beispiel in Deutschland bereits die Hälfte der Bevölkerung nicht an Gott. Was soll da so schlimm sein? Schlimm ist, wenn

Menschen lieblos und rücksichtslos miteinander umgehen. Schlimm ist, wenn wir unsere Schöpfung ausbeuten. Wir anscheinend gut damit leben können, dass unsere Mitmenschen verhungern, in Armut leben, auf dem Mittelmeer ertrinken, wir uns gegenseitig bekriegen. Es gäbe noch vieles anzufügen, was schlimm ist.

Das alles aber trifft doch zu – mit und ohne Gott. Es trifft zu auf Menschen, die an Gott glauben, und auf jene, die es nicht tun. Ja, viel Schlimmes wurde in der Vergangenheit und wird in der Gegenwart „im Namen Gottes" getan. Ich bin gerade in Zürich. In einer Ausstellung in der evangelischen Kirche St. Peter wird gezeigt, wie brutal die protestantische Kirche im 16. Jahrhundert gegen die Täufer, eine radikalreformatorisch-christliche Bewegung, vorgegangen ist. Einige ihrer Anhänger wurden einfach in der Limmat ertränkt.

Ich übersehe nicht, wie viel Gutes von Menschen, die an Gott und Jesus glauben, vollbracht worden ist. Die es ernst meinen, wenn sie sagen, dass wir in jedem Fremden Christus begegnen. Die wie die französische Mystikerin Madeleine Delbrêl zu Flammen der Liebe werden, um für die anderen zu verbrennen. Die Gott, der die Liebe ist, durch ihre konkrete, tatkräftige Liebe in ihrem, unserem Leben und in unserer Welt Wirklichkeit werden lassen. Doch diese Menschen gibt es auch unter jenen, die nicht an Gott glauben.

Also, warum jammern, dass wir in einer zunehmend gottlosen Welt leben? Ich setze dem entgegen: Gibt es Gott, gibt es eine Kraft, die in meine und unsere Wirklichkeit und Welt hineinwirkt, dann habe ich keinen Grund, zu jammern, dass andere nicht an Gott glauben. Dann kann ich einfach nur dankbar dafür sein, wenn ich die Anwesenheit dieser Kraft, die manche Gott nennen, erahne oder sogar als in meinem Leben wirksam erfahre. Ich muss mich dann nicht darüber aufregen, dass das andere nicht so sehen oder erleben. Ich kann ihnen wünschen, sofern ich diese Erfahrung als eine Bereicherung für mein Leben – und irgendwann vielleicht auch einmal für mein Sterben – betrachte, dass sie einen Zugang dazu finden. Ich muss ihnen da aber nichts aufdrängen, weil es ohnehin nichts nützt, wenn sie nicht selbst dahin finden. Auch muss ich hier nichts bedauern, vor allem auch, wenn ich merke, dass ihnen bei Gott – ob das jetzt die richtige Formulierung ist? – nichts fehlt, wenn sie darauf verzichten.

Auf diesem Hintergrund bekommen alle kirchlichen Aktivitäten, aber auch das theologische Denken, darunter auch das Streiten und Ringen darüber, was denn die Wahrheit, die wahre Lehre sei, eine neue Bedeutung. Vor allem aber verlieren sie zunächst einmal an Bedeutung. Sie, ihr Erfolg, ihre Ergebnisse sagen wenig aus über die Bedeutung, die Gott in unserer Welt oder in unserem Leben hat. Berühren sie doch nur die Oberfläche, bleiben allenfalls Beiwerk. Wenn Kinder zur heiligen Kommunion gehen und danach sich nicht mehr in der Kirche sehen lassen, wenn immer mehr Menschen den Kirchen den Rücken zukehren, es immer noch unzählige Kirchen, Konfessionen gibt – hat das alles wenig oder überhaupt nichts mit Gott zu tun. Jener Kraft, die wir erahnen oder als wirksam in unserem Leben erfahren. Oder aber eben nicht erahnen und als in unserem Leben wirksam erleben.

Kann es nicht auch sein, dass viele das, was die Kirchen von Gott erzählen, nicht überzeugt, weil sie spüren, dass es so wenig mit Gott zu tun hat? Es klingt, riecht nicht nach Gott. Es entzündet nichts in ihnen, findet in ihrem eigenen göttlichen Grund keinen Widerhall. Es sind lediglich Worte. Es gibt da ein Glaubensgerüst. Es werden Zeremonien und Riten vollzogen – doch wofür sollen die gut sein? Glaubenswissen ist interessant, Reden über Gott kann unterhaltsam sein. Doch es erfasst keine tiefere Schicht. So scheint es zumindest zu sein.

Ich finde, man kann, sollte sich viel mehr von dem konfrontieren lassen, was Menschen, die mit Gott nichts anfangen können, uns, die wir meinen im Besitz der Wahrheit zu sein, zu sagen haben. Sich davon hinterfragen lassen, ob man vielleicht tatsächlich an etwas, an jemand festhält, das, den es gar nicht gibt. Man um Gott tanzt wie um ein goldenes Kalb, das man sich selbst geschaffen hat. Man bedeutungsschwer und flüsternd vom Unsagbaren, Geheimnisvollen, dem ganz Anderen spricht, um vielleicht die eigene Unsicherheit und Verlegenheit zu überbrücken, dass da mitunter wirklich schlicht und ergreifend nichts ist. Dies der Grund dafür ist, dass man sich deshalb so sehr anstrengt, andere von der Bedeutung Gottes zu überzeugen, weil man selbst sich nicht so sicher ist, ob da wirklich etwas ist, es Gott gibt.

Also: Die anderen, die Gott in Frage stellen, ernst nehmen, indem wir uns zumindest einmal vorstellen, wie das ist, ohne Gott auszukommen. Das Leben aushalten ohne Gott. Nicht zu schnell darüber hinweggehen und sich vormachen: Da ist doch Gott. Ich bin doch nicht alleine. Nein: Ich bin alleine. Es gibt keinen Gott. Jedenfalls nicht den, den ich mir – bisher – zurechtgebastelt habe.

Vom Glanz und Elend des Christentums und der Kirche

Vom Christentum und von der Kirche geht viel Glanz, geht viel Schönes aus. Es gibt viele wunderbare Menschen, die an Christus, an Gott, glauben. Sie sind erfüllt von Liebe. Sie setzen die Liebe, die Gott ist, um, lassen sie Wirklichkeit werden.

Von ihrer Überzeugung, dass es Gott gibt, er in Jesus seinen Sohn in die Welt gesandt hat, geht etwas einmalig Kraftvolles aus, das die Welt verändert hat.

Ich bin im Karmel in Dachau. Ich zweifle keinen Moment daran, dass das Leben der Frauen hier sinnvoll, wichtig ist. Ich gehe ja auch hierher, weil mich dieser Ort anzieht: das Beten miteinander, die Nähe zum Konzentrationslager Dachau. Ja, es ist sinnvoll und wichtig und gehört mit zu dem, was uns Menschen am meisten auszeichnet: zu beten, zu schweigen, sich zu versenken in die Ewigkeit, den Kontakt zu DEM GEHEIMNISVOLLEN zu pflegen.

Nein, meine Fragen, was Gott, Jesus und die Kirche betrifft, verstehe ich nicht als Anfrage an das Leben der Menschen, die ihr Leben Gott geweiht haben. Die täglich in großer Treue ihr Leben als Leben für und vor Gott verstehen. Vor ihnen kann ich nur verstummen. „In deine Hände lege ich mein Leben", hat die Ordensfrau gerade gesungen. Ich spüre, dass sie es genauso meint. Wer kann da etwas dagegen sagen? Sie legt in Gottes Hände ihr Leben. *Sie* tut es. *Sie* setzt auf Gott. *Sie* vertraut ihm. So einfach ist das – und so unendlich schwer zugleich.

Der Sohn eines Freundes von mir hat 19 Patenschaften für Kinder in Ruanda organisiert. Die Förderer zahlen im Monat 30 € für diese Kinder, und das ein Jahr lang. Der Sohn gehört einer Freikirche an. Sein Glauben motiviert ihn, Leute anzusprechen, um Geld für Kinder, die sich in Not befinden, zusammenzubekommen. Kopten in Ägypten, deren Gottesdienste am Osterfest wegen Terrorgefahr – so der Beschluss ihrer Bischöfe – ausfallen sollen, lassen sich davon nicht abhalten, dennoch ihre Gottesdienste zu feiern, um beisammen zu sein und miteinander zu beten und zu feiern. Sie folgen der Sehnsucht ihres Herzens. Sie wollen sich nicht etwas nehmen lassen, was ihnen offensichtlich sehr wichtig ist, und das trotz der damit verbundenen Lebensgefahr. Das erinnert an die Situation der Christen, die sich in die Katakomben zurückziehen mussten. Um das praktizieren und feiern zu können, was für sie so wichtig ist wie die Luft zum Atmen. Oder ich denke an die Christen zur Zeit des DDR-Regimes. Sie trafen sich, feierten miteinander Gottesdienst, auch wenn das für viele bedeutete, gesellschaftlich, etwa was ihre berufliche Karriere betraf, benachteiligt zu werden. Im Frankenland begegne ich überall, wenn ich durch die Landschaft gehe, Bildstöcken mit religiösen Motiven. Ich freue mich darüber, halte oft davor inne. Für mich sind sie Ausdruck einer Frömmigkeit von Menschen, die damit ihre Dankbarkeit gegenüber Gott bekunden wollen. Sie laden mich dazu ein, in diese Dankbarkeit einzustimmen.

Das ist die eine Seite. Auf der anderen Seite ist aber auch viel Furchtbares, unsagbar Schreckliches, viel Elend vom Christentum und von der Kirche ausgegangen und geht bis heute von ihnen aus. Mit fallen spontan die Hexenverbrennungen, die Gräueltaten der Inquisition ein. Oder ich denke an die Kreuzzüge, den Fanatismus, der alle Liebe im Keim erstickt. Diese dunkle Seite der Kirche kann man auch nicht durch Behauptungen aus der Welt schaffen, indem man die angeblich falsche Berichterstattung über die Schandtaten der Kirche zum eigentlichen Skandal erklärt.

Subtiler zeigt sich diese Schattenseite der Kirche auf der persönlichen Ebene, wenn Vertreter dieser Organisation ihre Macht dazu missbrauchten, Menschen Schuldgefühle zu machen, sie in Angst zu versetzen, ihre Seele zu zerstören. Warum, so muss man sich fragen, ist in unserem Glauben und in unserer Liturgie so oft die Rede von Schuld? Das Christentum ist eine Religion, die auf Schuld, Schuldgefühlen aufbaut. Die Schuldgefühle macht, ständig darauf aufmerksam macht, dass wir uns schuldig gemacht haben und machen. Was soll das eigentlich? Ich weiß um meine Unzulänglichkeiten, auch dass ich mich immer wieder schuldig mache. Das muss doch aber nicht dazu führen, ständig darauf aufmerksam gemacht zu werden. In mir wehrt sich etwas dagegen und ich spüre, dass sich hier ein gesunder Widerstand meldet, hinter dem ich voll und ganz stehe.

Vielleicht verlieren die Kirchen auch deshalb so viele Menschen, weil sie es satthaben, von einer Institution bevormundet zu werden, die den ganzen Ballast dieser oft auch unseligen Geschichte mit sich herumschleppt. Dieses ganze äußere Gehabe, das sie immer noch zur Schau trägt. Was wird da alles an kirchlichem Apparat, an angeblichem Wissen über Gott aufgefahren, auch um die eigenen Positionen zu verteidigen und zu sichern! Wenn man ihnen den Rücken zukehrt, glaubt man nicht mehr. So einfach ist das. Vielleicht ist ja genau das der Beginn des Glaubens. Eines Glaubens, der sich nicht bevormunden lässt. Der sich nicht einfangen und begrenzen lässt durch Menschen, die für sich beanspruchen, die Wahrheit zu besitzen, ohne dabei zu merken, dass sie sich, je mehr sie das für sich beanspruchen, desto weiter von der Wahrheit entfernen.

Damit will ich nicht sagen, dass die Kirche keine Bedeutung hat. Die hat sie auch für mich. Sie bietet Möglichkeiten, die Beziehung zu Gott zu gestalten. Sie führt Menschen zusammen. Sie schafft Voraussetzungen, um die Anliegen Jesu zu verwirklichen. Sie will, zumindest vom Ideal her, Gott, so wie sie ihn versteht, Wirklichkeit in unserem Leben werden lassen. Seiner Menschenfreundlichkeit Ausdruck verleihen. Sie will das bisschen Ahnung, das wir vielleicht von Gott haben, zu dem Jesus viel beigetragen hat, „fassen", „konkretisieren", so unvollkommen und wirklich stümperhaft ihr das auch gelingen mag. Aber auch das ist schon viel.

Papst Franziskus hat es sicher ernst gemeint, als er sagte, die Struktur sei sekundär. Jetzt geht es zunächst einmal darum, für die Menschen da zu sein. Sich als Kirche wie ein Feldlazarett zu verstehen, in dem Menschen verarztet werden. Das aber heißt doch: Die Struktur ist nicht so wichtig. Entscheidend ist, Gott im Geist und in der Wahrheit anzubeten. Das und die Taten der Liebe sind wichtig. Gott und die Menschen zu lieben. Wo das System das unterstützt, soll es dafür genutzt werden.

Das klingt zunächst gut. Andererseits macht es deutlich, dass man nicht davon ausgeht, dass sich am System etwas ändert. Das ist auch eine Form von Verdrängung. Man sieht das daran, wie die Kirchen – zumindest einige – im Augenblick miteinander umgehen. Im wahrsten Sinne des Wortes. Umgehen. Es wirkt zunächst sympathisch, wenn der Papst den Patriarchen von Konstantinopel oder den koptischen Papst umarmt. Er damit seinen Respekt ihnen und ihren Kirchen gegenüber zeigt. Auch den Ratsvorsitzenden der evangelischen Kirche in Deutschland begrüßt er herzlich, spricht lobend über ihn. Der Bischof von München und der Ratsvorsitzende fliegen miteinander ins Heilige Land. Sie wirken wie Männer, die ein Herz und eine Seele sind. Doch hat sich, was die ersehnte Einheit der Kirchen betrifft, etwas geändert? Nein!

Die Vielfalt kann ehrlicher sein als die Einheit

Vielleicht muss sich ja auch gar nicht viel verändern. Ich bin ja sowieso der Meinung, dass sich in der Vielfalt der Kirchen auch Wahrheit ausdrückt. Wir, was Gott betrifft, Suchende sind und immer nur, wenn überhaupt, eine vage Ahnung davon haben, wie das mit Gott wohl ist. Das aber sollte die Religionen und Kirchen sehr demütig machen und ihnen helfen, es auszuhalten, dass wir dabei unterschiedliche Meinungen vertreten.

Entscheidend ist also, sich die Unterschiede zuzugestehen und niemanden auszuschließen. Aber nach außen hin nicht so zu tun, als sei alles in Ordnung, man gehe ja fair miteinander um. In Wirklichkeit aber hält man weiterhin rigide an bestimmten Paragraphen fest und erklärt irgendwelche theologischen Spitzfindigkeiten zu unumstößlichen Positionen. Dabei merkt man gar nicht mehr, wie lächerlich man sich damit macht, weil auch sie nicht mehr sind als der hilflose menschliche Versuch, etwas über Gott auszusagen.

Die Vielfalt ist ehrlicher, kommt Gott näher, verlangt aber von uns, demütiger, toleranter, weiter zu sein oder zu werden. Das betrifft auch die Formen, die Worte, die Rituale, die wir benutzen oder einsetzen, um uns dem Unbegreiflichen zu nähern, ihn bewusster in unser Leben hereinzulassen. Sie sind wichtig, aber alle auch begrenzt, nicht mehr als stümperhafte Versuche. Sie werden stumpf und bedeutungslos, wenn sie in Ritualistik erstarren. Da bleibt nichts mehr von einem Einschwingen in die Gegenwart des Unbegreiflichen, das sie bewirken und unterstützen wollen und sollen.

Alles Authentische aber atmet etwas von der Gegenwart Gottes. Zeigt etwas von seiner Gegenwart. Es geht darum, DEN Unbegreiflichen, der unbegreiflich und geheimnisvoll bleibt, in meinem Leben zum Schwingen zu bringen. Das aber kann auf die vielfältigste Weise geschehen. Ist es doch genau diese Vielfalt, die dem Unbegreiflichen eignet. Jede noch so große Vielfalt ist nicht vielfältig genug, reicht nicht aus, um ihm auch nur annähernd gerecht zu werden. Das Reden von der Einheit im Glauben ist nachvollziehbar. Ich weiß, was damit gemeint ist, ich weiß um die lautere Intention, die dahintersteht. Doch dem Reden um die Einheit zum Beispiel der Christen liegt eine Vorstellung zugrunde, die davon ausgeht, als hätten wir es in der Hand, eindeutig zu erklären, wer, was Gott ist. Mir gefällt daher, was Martin Buber (1965) über die geschichtlichen Religionen sagt:

„Die Religionen müssen zu Gott und zu seinem Willen demütig werden; jede muss erkennen, dass sie nur eine der Gestalten ist, in denen sich die menschliche Verarbeitung der göttlichen Botschaft darstellt – dass sie kein Monopol auf Gott hat; jede muss darauf verzichten, das Haus Gottes auf Erden zu sein, und sich damit begnügen, ein Haus der Menschen zu sein, die in der gleichen Absicht Gott zugewandt sind, ein Haus mit Fenstern; jede muss ihre falsche exklusive Haltung aufgeben und die rechte annehmen."

Auf dem Rückflug von Fatima nach Rom meinte Papst Franziskus, dass es wohl noch eine Weile brauche, bis es eine Mahlgemeinschaft von Katholiken und Protestanten gibt. Aber es sei ja schon viel geschehen. Ganz sicher. Aber längst nicht genug. Hier redet man auch etwas schön, was in Wirklichkeit so schön nicht ist. Ein Blick auf die Entstehung der Abendmahlsfeier könnte helfen, sich hier auf das Wesentliche zu besinnen. Die theologischen Einwände, die angeführt werden, um die gemeinsame Mahlgemeinschaft abzulehnen, sind für mich Verkrustungen vergleichbar. Diese haben sich gebildet und verbreitet und dabei den Blick auf das, um was es eigentlich geht, mit der Zeit mehr und mehr verstellt.

Diese Verkrustungen verbinde ich mit Machtansprüchen, Sicherung der eigenen Organisation, Abdriften in theologische Spitzfindigkeiten, Angst vor Identitätsverlust. Sie offenbaren eine Kirche, die sich selber im Wege steht, die nicht in der Lage ist, über den eigenen Schatten zu springen. Diese Verkrustungen zeigen eine Kirche, die offensichtlich vergessen hat, dass miteinander zu sein wichtiger ist, als Recht zu haben. Die an ihrer Selbstverliebtheit, dem Kreisen um sich selbst, festhält. Statt den befreienden Schritt aus ihrem Verstricktsein hinaus in die Freiheit, mit all der Unsicherheit und Vorläufigkeit, die damit einhergehen, zu wagen.

Ich sehe sie vor mir. Die Kirchenmänner und Theologen, wie sie mit bedeutungsschweren Worten, ernsten Blickes, feststellen: Wir sind noch nicht so weit. Da gibt es noch diese und jene theologische Frage zu klären. Also muss eine weitere Kommission eingerichtet werden, um sie zu klären. Sie sind so sehr damit beschäftigt, dass sie gar nicht merken, dass die „einfachen Christen", deren Einlassungen sie eher als lästig empfinden, in ihnen nicht mehr als die Unbedarftheit der theologisch Ungebildeten erkennen können, längst weiter sind. Auch weil sie den tieferen Blick für das, was eigentlich schon längst da ist und immer schon da war, nicht verloren haben. Sie längst die Einheit leben, die die anderen vergeblich suchen. Sie sehr wohl verstanden haben, worum es eigentlich geht.

Sie lassen sich Gott sei Dank immer weniger von den Einwänden der Theologen und Kirchenleuten beeindrucken. Praktizieren, was überfällig ist: Sie halten miteinander Mahl. Sie versammeln sich in SEINEM Namen. Sie teilen miteinander gebrochenes Brot, auch als Ausdruck der erfahrenen Verbundenheit mit IHM und miteinander. Sie werden nicht bis zum Sankt-Nimmerleins-Tag darauf warten. Sie meinen es ernst mit der Einheit. Die nicht von der Klärung theologischer Unterschiede abhängt, so sinnvoll solche Bemühungen grundsätzlich sind, auch wenn sie nicht mehr als unzulängliche Deutungsversuche sind und bleiben. Sie wissen, dass im Tiefsten jene Einheit längst vorhanden ist, und sind ein lebendiges Beispiel dafür. So folgen sie der Sehnsucht ihres Herzens, miteinander verbunden zu sein in der Erfahrung von Gemeinschaft mit DEM, DER mitten unter uns ist, wenn wir in seinem Namen versammelt sind.

Da kristallisiert sich eine neue Kirche heraus, die immer mehr zum Vorschein kommt, während die alte Kirche verschwindet. „Das große Schiff des traditionellen Christentums sinkt auf den Grund", sagt Tomas Halik (in: Gnauck 2019,20). „Und wir sollten keine Zeit damit verlieren, die Liegestühle auf der Titanic hin und her zu schieben." Die katholische Kirche wird sich in ihrer äußeren Struktur auch unter Papst Franziskus nicht wesentlich ändern. „Die äußere Struktur wird immer mehr verrotten", äußert sich ein Theologe mir gegenüber, der sich viel mit Martin Buber und Mystik befasst hat. Und, so fährt er fort, „ich bedaure das nicht. Ja, es ist die Voraussetzung dafür, dass Neues entstehen kann." Ich befürchte, dass er Recht hat.

Mich in der Eucharistie in das unsagbare Geheimnis mit Jesus zusammenfallen lassen

Wenn ich schaue, wo für mich Gott, Jesus und Kirche am wichtigsten werden, dann war das, ist das und wird es, so Gott will, die Feier der Eucharistie sein. Das Mahl, in dem uns „im sakramentalen Zeichen unsere eigene Zukunft entgegen"kommt, „die namenlose und unbegrenzte und unverfügbare, die nur im Tod aufgeht und Gott heißt; […] in ihm wird unsere Zusage, uns in dieses unsagbare Geheimnis mit Jesus zusammenfallen zu lassen, öffentlich bekannt und besiegelt" (Rahner 1990,217).

Ich feiere Eucharistie in kleiner Runde auf unserer Veranda. Es ist faszinierend, was von dieser Feier ausgeht. Unabhängig

davon, ob dieses Mahl als Abendmahl zur Zeit Jesu so stattgefunden hat. Er das so festgelegt hat. Was sicherlich nicht der
Fall ist. Das aber ist für mich unerheblich. Entscheidend ist,
dass ER bei diesem Zusammensein unter uns ist. DU unter uns
bist. Das aber glaube ich. Natürlich nicht nur dann, aber hier
für mich besonders dicht erfahrbar.

Ich lasse die Worte von Karl Rahner nachwirken. Ich mache
keinen Hehl daraus, mache es öffentlich, dass ich mich in
dieses unsagbare Geheimnis, Gott, mit Jesus zusammenfallen
lasse. Mit Jesus, auf den ich voller Zuneigung schaue. Der mir
sympathisch ist. Was er sagt, soweit man es tatsächlich als
seine Aussagen ausmachen kann, spricht mich an. Es spornt
mich an. Zu ihm kann ich in Beziehung treten. Ihn kann ich
mir vorstellen. In ihn kann ich mich hineinversetzen. Ihm
kann ich innerlich begegnen. Mit ihm kann ich mich in Gott
zusammenfallen lassen. Das tue ich in der Eucharistiefeier. Da
wird er für mich innerlich in einer besonderen Weise präsent,
fühle ich mich ihm sehr nahe. Ja, verbunden mit ihm. Wie
mit einem Freund, einem Seelenfreund. Das ist eine schöne
Erfahrung.

Für mich ist die Feier der Eucharistie das Ereignis, bei
dem die göttliche Präsenz auf eine besondere Weise in der
menschlichen Situation erfahrbar wird. Es geht dabei „um
eine Vollendung des Glaubens, bei dem menschlicher und
göttlicher Bereich unmittelbar miteinander in Verbindung
treten" (Schröter 2010,11). Das kann ich mir natürlich auch
einreden. Ich mag mir hier auch etwas vormachen, mich in
etwas hineinsteigern.

Doch auch unabhängig davon macht es für mich Sinn, sich
als Christen miteinander zu treffen, miteinander zu beten, miteinander Gott zu danken. Ein Verlangen, ja eine Sehnsucht,
die tief in uns angelegt sind, werden dadurch gestillt. Es zieht

mich jedenfalls dahin. Es muss etwas mit der Urerfahrung Gottes zu tun haben, die in diesem Kontext sich besonders bemerkbar macht. Was da in der Eucharistiefeier geschieht, trifft in mir auf einen Resonanzboden, der dafür nicht nur empfänglich ist, sondern voller Sehnsucht nach dieser Erfahrung Ausschau hält. Hier wird die Urerfahrung Gottes virulent. Fällt sie zusammen mit der Ursehnsucht nach Gott, um für Momente verwirklicht und erfüllt zu werden.

Dabei ist es für mich, wie erwähnt, nicht entscheidend, ob die Eucharistiefeier auf das Abendmahl, das letzte Mahl Jesu, zurückgeführt werden kann, das „dieser am Vorabend seines Todes als Pesachmahl gefeiert hat" (Schröter 2010,51), wie das die Evangelisten Markus, Lukas und Matthäus berichten. Es tut gut, wenn der Neutestamentler Jens Schröter (2010,118), der sich wie kaum ein anderer mit dem Abendmahl befasst hat, ohne Schnörkel feststellt: „Das sakramentale Mahl der christlichen Gemeinden wird auf ein Ereignis zurückgeführt, von dem her sich sein Ursprung und seine bleibende Bedeutung erklären. Über die Historizität dieses Ereignisses – ob und in welcher Weise es sich um ein Geschehen handelt, das der historischen Frage standhält – ist damit noch nichts gesagt." Man weiß es nicht, und das sollte man ohne irgendwelche theologischen Verrenkungen zugeben. Auch weil es nichts nimmt von der Bedeutung dieser Feier.

Wir sollten auf diesem Hintergrund vielmehr entspannter mit der Eucharistiefeier und/oder der Abendmahlsfeier umgehen. Zum Beispiel uns nicht an irgendwelchen sogenannten genauen Worten und Gesten festklammern. Denn: „Die Einsetzungsworte gehen weder auf den irdischen Jesus zurück noch waren sie fester Bestandteil der frühchristlichen Mahlliturgie" (Schröter 2010,128). Schon gar nicht sollten wir irgendjemanden von diesem Mahl ausschließen. Es auch endlich lassen, die Nichtzulassung von Frauen zum Priestertum damit zu begründen, dass beim letzten Abendmahl keine Frauen anwesend gewesen seien.

Entscheidend ist doch, was wir heute tun. Christen zusammenkommen, um in einem so intimen Kontext, wie das bei einem gemeinsamen Mahl der Fall ist, sich dankend und preisend an den zu erinnern, als dessen Anhänger wir uns verstehen, um dabei die Erfahrung zu machen, dass er unter uns weilt. Hier zutrifft, was Karl Barth (2011,37) sagt: „Wie ist es denn? ‚Wenn zwei oder drei‘ schlicht und unauffällig ‚versammelt sind in meinem Namen‘ (Mt 18,20), wenn sie Ihn anrufen und Ihm danken, *ist* Er da nicht mitten unter ihnen?‘‘

O Gott, wie sehr hat die Kirche sich hier versündigt und tut es immer noch, weil sie aus einem allzu engen Verständnis heraus, um was es hier geht, Menschen von diesem Mahl ausgeschlossen hat und ausschließt. Macht man sich das einmal so richtig bewusst, wünschte man sich ein gewaltiges, Himmel und Erde erschütterndes Kraftaufgebot des Heiligen Geistes, der die Enge, die da dahintersteht, mit aller Macht sprengt. Damit endlich das Magma des Glaubens, seine Kraft, sich wie Lava, das aus einem Vulkan freigesetzt wird, über die Kirche, die Menschen, die in ihr Verantwortung wahrnehmen, ergießt. Jetzt endlich selbstverständlich geschehen kann, um was es bei der Feier der Eucharistie doch eigentlich geht: einfach beisammen zu sein, IHN in unserer Mitte zu wissen, uns um IHN zu scharen, das Brot und den Wein, die uns an IHN, SEINEN Tod, erinnern, miteinander zu teilen, um dadurch gestärkt wieder in unseren Alltag zurückzugehen.

Dann kann ich bei den unterschiedlichsten Formen der Eucharistiefeier, bei mich ansprechenden Darbietungen, aber auch bei mich weniger ansprechenden Feiern, versuchen, das zu sehen und zu würdigen, worum es letztendlich geht. Da ist dann der Gründonnerstaggottesdienst, der mich wenig anspricht trotz guter Predigt. Bei dem keine Spannung zu spüren ist, kein Kontakt untereinander stattfindet. Ein alter Mann neben mir die ganze Zeit über falsch und zu laut singt. Ich mich fremd fühle.

Oder ich nehme an einem orthodoxen Gottesdienst teil, der sehr stark christuszentriert ist. Ich kann gut dabei sein, mitsingen, mich einschwingen in den Lobpreis. Es ist der Lobpreis Gottes, die Konzentration auf ihn, die dabei für mich zählen. Innerlich bei Gott zu verweilen, mir seiner Anwesenheit bewusst zu werden. Wichtig ist das Verweilen in Gottes Gegenwart, die bewusste Kontaktaufnahme mit ihm. Die Formen, die Worte, die Zeremonien wechseln. Sie sind eingefärbt vom jeweiligen kulturellen Kontext und nicht mehr als unzulängliche, aber dennoch durchaus hilfreiche Hilfsmittel, die wir meinen zu brauchen.

Dann gibt es die Eucharistiefeier bei den Augustinern in Würzburg. Alle scharen sich um den Altar, der mitten in der Kirche platziert ist. Auf diese Weise befinden sich die Anwesenden in Kontakt miteinander. Der Priester sitzt am Anfang unter den Gläubigen. Alle sind willkommen: der fromme Katholik, die liberale Protestantin, die ehemalige Nonne, der laisierte Priester, das schwule Paar, die Asylantin mit ihren Kindern, Menschen, deren Ehe gescheitert ist oder die wegen persönlicher Verfehlungen gemieden werden. Da alle willkommen sind, sind auch alle – ohne Ausnahmen – eingeladen, am gemeinsamen Mahl teilzunehmen. Ist doch genug zum Essen und zum Trinken da, wie der Priester betont.

Wenn ich dort bei den Gottesdiensten um mich schaue, erinnert mich das an ein Bild von Sieger Köder mit dem Titel *Das Mahl mit den Sündern*. Wir alle, ich eingeschlossen, sind

Sünder und Sünderinnen und erfüllen damit die zwei Voraussetzungen, der Barmherzigkeit Gottes teilhaftig zu werden: Mensch zu sein und Sünder zu sein. Jesus in schlechter Gesellschaft? Es ist eine Gesellschaft, in der ich mich sehr wohl fühle.

Die Menschen, die hier versammelt sind, erfahren Kirche, wie es für mich sehr ansprechend Joseph Ratzinger (2005,326) in seiner *Einführung in das Christentum* beschreibt: „Nur wer erfahren hat, wie über den Wechsel ihrer Diener und ihrer Formen hinweg Kirche die Menschen aufrichtet, ihnen Heimat und Hoffnung gibt, eine Heimat, die Hoffnung ist: Weg zum ewigen Leben – nur wer dies erfahren hat, weiß, was Kirche ist, damals und heute." Wo er recht hat, hat er recht.

Den wahren Jesus nicht länger verdecken und verzerren

Wie, so frage ich mich, frage ich die Kirche nach meiner Entscheidung, nicht länger selbstverständlich davon auszugehen, dass es Gott gibt, geht sie mit Jesus um? Was hat sie aus ihm gemacht? Ich glaube, wir müssen alles, was wir Jesus an Wundern „andichten" beziehungsweise ihm „angedichtet" wurde, auf die Seite schieben, um den Blick auf den wahren Jesus und seine Botschaft nicht länger zu verdecken oder zu verzerren. Was ist der Kern, die Kernaussage der biblischen Texte? Was erfahre ich durch sie, wenn ich Jesus nicht überhöhe? Kein einziges der Wunder, von denen in der Bibel die Rede ist, ist wirklich geschehen. Eine wunderbare Brotvermehrung hat es zum Beispiel nie gegeben. Es fällt mir schwer, das zu schreiben. So sehr bin ich geprägt von der Vorstellung, dass Jesus das alles doch auf irgendeine Weise getan und vollbracht hat. Hat er aber nicht.

Oder: Für manche ist Jesus Christus die Verkörperung von Gottes Willen. Er ist Gottes Gabe und Aufgabe an den Menschen (vgl. Schröter 2014,129). Woher die das alles wissen? Da beginnt es für mich problematisch zu werden. Das sind alles Spekulationen. Was kann, soll ich damit anfangen? Ihre Überlegungen entfernen sich immer mehr vom irdischen Jesus, machen etwas aus ihm, was ihm mitunter nicht gerecht wird. Sie verleihen ihm ein Attribut, unterstellen ihm gar etwas, entstellen ihn damit aber auch. Müssen wir uns nicht von solchen Spekulationen freimachen, um wieder das an Jesus zu entdecken, was er war und ist? Nicht mehr und nicht weniger. Ein Wanderprediger, der die Menschen seiner Umgebung aufrüttelt, provoziert. Der (viel) Wirbel macht. Der viel von Gott redet. Für den gilt: „Gott, DIR, nahe zu sein, genügt mir" (Ps 73). Dieser Jesus spricht mich an.

Lese ich dagegen im Titusbrief, dass Gott den Heiligen Geist durch Jesus Christus in reichem Maß über uns ausgegossen hat, stellt sich bei mir ein Fremdheitsgefühl Jesus gegenüber ein. Das ist nicht mehr der Jesus, der mir in Galiläa über den Weg laufen könnte. Das ist er einfach nicht (mehr). Da wird etwas aus ihm gemacht, was er nicht ist. Wenn wir ehrlich sind, handelt es sich bei vielen theologischen und kirchlichen Aussagen über Christus lediglich um Überlegungen, Spekulationen, Gedanken und noch einmal Gedanken. Auch weil es natürlich frustrierend ist, nicht viel mehr tun zu können. Die Menge an Gedanken und Spekulationen zeigen zugleich, dass wir eigentlich nichts wirklich wissen und es daher einfach auch nicht lassen können, weiter darüber nachzudenken und zu spekulieren, was ja auch wieder einen eigenen Charme hat. Aber halt auch nicht viel mehr.

Ostern nach meiner Entscheidung

Ostern nach meiner Entscheidung. Ich verspüre keinen Osterjubel. Jesus ist tot. Das bringt mich ihm nahe. Ich bin ihm nahe in seinem Tod. Was Jesus ausmacht, wofür er steht, das ist mit ihm nicht gestorben. Das ist gerade durch seinen Tod auferstanden, hat dadurch noch einmal ein neues Gesicht bekommen. Man würde es sich gerne anders vorstellen. Es wäre doch zu schön, würde es sich tatsächlich so verhalten, dass er leibhaftig auferstanden ist. Er ist aber nicht auferstanden von den Toten in dem Sinne, dass sein Leichnam wieder lebendig geworden ist. Karl Rahner (1990,275): „Und auf jeden Fall ist Jesu Auferstehung nicht die Rückkehr eines Toten in unsere Raumzeitlichkeit mit deren Bedingungen, ist etwas ganz anderes von seinem Wesen her als die Totenerweckungen, die sonst im Alten und Neuen Testament erzählt werden. Der Auferstandene macht seine bleibende Gerettetheit und das Angenommensein seines Lebens durch Gott kund, kehrt aber nicht in die Welt zurück, die unter dem Gesetz der Vergeblichkeit und des Todes steht [...]."

Bernd erzählt begeistert von Jerusalem, der Grabeskirche, wo Jesus gestorben und auferstanden ist. Er spricht von dem Glanz, der alles überstrahlt, als er auferstand. Er kann sich das lebhaft vorstellen. An diesem Ort. Ich komme mir fast etwas schlecht vor, dass ich das nicht glaube. Ich kann mir schon vorstellen, dass Jesus hingerichtet und möglicherweise an dieser Stelle bestattet wurde. Aber ich kann mir das nicht vorstellen, dass er hier auferstanden ist, von Glanz umhüllt? Ich kenne diese Szene von Bildern, vor allem die Darstellung des auferstandenen Christus von Matthias Grünewald. Dieses Bild fasziniert mich. Aber ich glaube nicht, dass es sich so ereignet hat. Jesus ist nicht auferstanden, so wie wir uns das oft vorstellen, zumindest viele es tun. Jesus ist gestorben. Wenn wir die Grabeskirche in Jerusalem besuchen, dann ist das ein heiliger Ort, weil er dort gestorben ist. Vielleicht auch dort oder in der Nähe bestattet worden ist. Das genügt doch. Das ist doch Grund genug, dorthin zu gehen und an diesem Ort zu beten.

„Jesu Leib ist nicht mehr da, er hat sich allem Begreifen entzogen." Dieser Gedanke des Jesuiten Michel de Certeau (in: Fuchs 2017,179) spricht mich an. In Jesus wollte sich „der Unbegreifliche begreiflich machen", wie das Konzil von Chalcedon (451) erklärt. Doch jetzt entzieht er sich dem Begreiflichen, den Begriffen, sosehr man auch versucht, ihn zu begreifen und damit auch zu ergreifen. Sei es die Theologie, die Lehren der Kirchen, jeder und jede auf ihre Art, ich.

Die Menschen, die sich in der Peterskirche in Rom versammelt haben, um sich an den Tod Jesu zu erinnern und miteinander seine Auferstehung zu feiern, begegnen auf ihre Weise dem auferstandenen Jesus. Seinem Geist, der, so der christliche Glaube, „in dem Menschen Jesus von Nazareth, seinem Leben, seinem Wirken und nach seinem Tod am Kreuz erfahrbar ist" (Schröter 2014,301). Die Besucher des Osternachtgottesdienstes im Kiliansdom in Würzburg, der im Fernsehen übertragen wird, singen voller Hingabe „Halleluja, Jesus lebt, Jesus lebt". Ich bin Jesus beim Ostergottesdienst der Augustiner in Würzburg lange nicht mehr so nahe wie heute. Und stimme ein in das „Halleluja, Jesus lebt, Jesus lebt", weil er tatsächlich (?) in mir lebt. Unauslöschbar. Unbesiegbar.

„Steh auf, DU! Zeige dich, melde dich!"

Immer und immer wieder melden sich Zweifel an Gott, sosehr ich mich doch inzwischen wieder erneut für Gott entschieden habe. Einmal spüre ich eine große Neigung, mich *dafür* zu entscheiden. Weil ich es so gewohnt bin. Weil es mir dabei gut geht. Weil ich davon überzeugt bin. Dann bin ich mir wieder unsicher. Schwanke hin und her. Dabei weiß ich, dass ich es nie wissen werde, ob es Gott gibt. „Gott existiert. Ich bin ihm begegnet", so hieß ein Buch von André Frossard, das in den 60er, 70er Jahren populär war. Das wird es nie geben, dass ich durch ein Erlebnis, eine Eingebung, eine Offenbarung erfahre: Gott existiert. Basta. Ich erwarte das auch nicht. Es wird bis zum Schluss von meiner Entscheidung abhängen, ob es für mich Gott gibt oder nicht.

Diese Entscheidung wird mir von niemandem abgenommen. Am wenigsten von Gott. Das wird wohl ein Leben lang so gehen. Auch um nie selbstverständlich davon auszugehen, dass es Gott gibt. Dieses ständig neue Ringen dazugehört, um Gott nicht zu verlieren. Auch hier gilt: Nur wer bereit ist, zu verlieren, wird gewinnen. Wer dagegen gewinnt, meint, zu gewinnen, wird verlieren. Der hat schon verloren. Also, wähne dich nie auf der sicheren Seite. Es gibt sie nicht. Solange ich glaube, dass es diese Sicherheit gibt, mache ich mir etwas vor.

Für mich heißt das auch, auf Abstand zu gehen zu dem ganzen Gottgerede und Jesusgerede. Ein Reden, bei dem der, der redet, angeblich weiß, was Gott, was Jesus, will. Dieses Vereinnahmen von Gott. Das ist mir zuwider. Daran möchte ich mich nicht beteiligen. Ich möchte lieber schweigen über Gott. Das scheint mir die einzige legitime Form des Sprechens über Gott zu sein. Der unsagbar ist und unsagbar bleibt. Von dem ich mich mit jedem Wort über ihn immer mehr entferne, im Schweigen dagegen nahe bin. Also schweige ich.

Früher war das so einfach: mich einfach von Gott gehalten zu wissen. Davon überzeugt zu sein, dass er um mich weiß und im Letzten mein Leben lenkt. Doch verhält es sich tatsächlich so? Vielleicht steckt tatsächlich hinter allem, was wir tun, kein Sinn. Bin ich, sind wir alle nicht mehr als ein Zerfallsprodukt. Hängt es allein von uns ab, was wir aus unserem Leben machen. Nicht mehr und nicht weniger. Ist alles Gerede über Gott und Sinn unnütz, Fata Morgana, ein großer Schwindel, dem wir aufgesessen sind. Jetzt fange nicht wieder von vorne an!

Ich würde so gerne eine klare Entscheidung treffen. Ich würde mich so gerne für Gott entscheiden. Doch auf welcher Basis? Ich bin vielleicht das erste Mal in meinem Leben in der Situation, mich frei für oder gegen Gott zu entscheiden. Es liegt alleine an mir. Niemand zwingt mich dazu, mich dafür oder dagegen zu entscheiden. Stimmt das wirklich? Mache ich mir da nicht etwas vor? Könnte ich mich tatsächlich dafür entscheiden, dass es – für mich – Gott nicht gibt? Hätte ich nie von Gott gehört, wäre ich nicht ein Leben lang davon geprägt worden, dass es Gott selbstverständlich gibt, würde es mir vielleicht leichter fallen, wirklich ganz frei eine Entscheidung zu treffen. Ich könnte mich dann ganz frei dafür oder dagegen entscheiden. Jetzt muss, müsste ich mich ja gegen etwas entscheiden, was bisher eine so große Bedeutung in meinem Leben eingenommen hat.

Das betrifft auch meine Zugehörigkeit zur Kirche, wobei das für mich noch einmal eine andere Dimension hat. Von geringerer Bedeutung ist als die Entscheidung für oder gegen Gott. Ich hoffe nur, es verhält sich nicht so wie bei meinem Vater, der ein Leben lang CDU-Mitglied geblieben ist, obwohl er später diese Partei nicht mehr unterstützte. Ich glaube, er brachte es nicht übers Herz, aus der Partei auszutreten. Wohl aus einer Loyalität, einer Vertrautheit, vielleicht auch Verbundenheit heraus, auf die er nicht verzichten wollte. Auf der anderen Seite verließ er die katholische Kirche und trat der altkatholischen Kirche bei, um nach seiner Scheidung von meiner Mutter weiter an den Sakramenten teilhaben zu können.

Immerhin meine ich mich immer mehr von einem Gott, einem Bild von ihm, zu trennen, das ihm nicht entspricht. Dabei weiß ich ja, dass kein Bild von ihm ihm entspricht. Auch dass es besser ist, sich schon einmal von vorneherein kein Bild von ihm zu machen. Auch den Gott, den die Kirchen sich zurechtgezimmert haben, gibt es sicher so nicht. Wenngleich ich nicht ausschließen will, dass sich in ihrem „Wissen" Spurenelemente davon finden lassen. Vor allem da, wo sie sich auf das Alte und Neue Testament berufen. Ob durch diese Schriften, in dem, was sie erzählen, was sie sagen – auch als mögliches Sprachrohr Gottes – ein Einbruch des Transzendenten, ein Durchbruch in unsere Welt erfolgt ist, weiß ich nicht. Das kann man glauben oder auch nicht.

Ich komme mir vor, wie wenn ich vor einer Wand stünde. Einer Wand, die leider nicht zusammenbricht, wie es Rainer Maria Rilke (1986,201f.) auf eine einzigartige Weise in folgendem Gedicht beschreibt:

Du, Nachbar Gott, wenn ich dich manchesmal
in langer Nacht mit hartem Klopfen störe, –
so ist's, weil ich dich selten atmen höre
und weiß:
Du bist allein im Saal.
Und wenn du etwas brauchst,
ist keiner da,
um deinem Tasten einen Trank zu reichen:

Ich horche immer. Gib ein kleines Zeichen.
Ich bin ganz nah.
Nur eine schmale Wand ist zwischen uns,
durch Zufall; denn es könnte sein:
Ein Rufen deines oder meines Munds –
Und sie bricht ein
ganz ohne Lärm und Laut.

Ich habe mir das immer so vorgestellt, mir gewünscht. Ich meinte manchmal auch, die Mauer sei zusammengestürzt. Doch habe ich mir da nicht etwas vorgemacht? Es einfach gerne so gewollt? Ist nicht vielmehr die brutale Wirklichkeit so, dass diese Wand nicht einbricht, auch weil es da auf der anderen Seite keinen Gott gibt, der mich hört, schon gar nicht mich braucht? Zumindest ich es nie erfahren werde, ob auf der anderen Seite der Wand Gott wartet – bis die Mauer zusammenbricht. Es egal ist, wofür ich mich entscheide, weil beides möglich ist. Das jedenfalls ist die Ausgangsposition. Jetzt bin ich wirklich am Zug. Ich.

Also, wie soll ich mich entscheiden? Ich weiß es nicht. Ich weiß es wirklich nicht. Alles einfach unentschieden lassen? Ich muss mir Zeit lassen. Etwas verändert, verwandelt sich in mir. Dem muss ich Zeit lassen. Mein Selbst, mein größeres Du, ist am Wirken. Ist dieses größere Du auch DER, den Martin Buber immer wieder mit DU anspricht? Von dem es in Psalm 3,8a – in der Übersetzung von Buber/Rosenzweig – heißt: „Steh auf, DU!" Wenn das so ist, dann kann ich nur sagen, ja schreien: „Steh auf, DU! Zeige dich, melde dich!" Doch ich muss wohl Geduld haben. Auch ist es für mich in Ordnung, das, was ich bisher pflegte, weiterhin zu tun. Also ab und zu zu beten. Ich muss sehen, was sich am Ende herauskristallisiert. Ich will mich überraschen lassen.

Könnte ich mich wirklich dafür entscheiden, Gott zu streichen? Alles, was damit zu tun hat, aus meinem Leben zu beseitigen? Gott wehrt sich nicht in mir. Es tut sich nichts. Kein Aufbegehren. Gar nichts. Was schon einmal gut ist. Kann das doch heißen, dass die inneren Instanzen in mir, die auch sehr stark von der Kirche mit beeinflusst sind, keinen Einfluss (mehr) haben. Was die Kirche sagt, ist mir egal. Sie hat keine Macht (mehr) über mich. Die hat, wenn es ihn gibt, Gott. Was für mich in Ordnung wäre. Irgendwo stört es mich, dass Gott sich nicht regt, auch offensichtlich nicht aufregt. Es ihm anscheinend egal ist, wofür ich mich entscheide. Es mir recht wäre, würde er es nicht einfach hinnehmen, dass ich mich möglicherweise gegen ihn entscheide. Würde er für sich werben. Zugleich merke ich, dass er gerade dann keine Chance hätte, er sein Gesicht verlieren würde. Ich ihn da hätte, wo ich ihn vielleicht haben möchte. Als einen, den ich zu fassen bekomme, den ich verstehen kann, über den ich verfügen kann. Und gibt es ihn, dann ist er genau so nicht.

Was wäre, würde ich Gott nicht kennen? Wäre mir nicht von ihm erzählt worden. Wäre ich sensibel, wach, empfänglich für ihn? Würde ich ihn entdecken, auf ihn aufmerksam werden? Ihn bei mir „hereinlassen"? Würde ich den Tag anders beginnen, überhaupt anders leben? Würde es für mich einen Unterschied ausmachen, ob ich, mich an Gott wendend, direkt zu ihm spreche: Du bist der, der ich bin: da, oder aber darauf verzichte, weil ich Gott, wie man heute so schön formuliert, nicht auf meinem Schirm habe? Diese Fragen lösen bei mir keine Resonanz aus. Also lasse ich es, danach zu fragen, und lasse mich von dem „Ich bin der, der ich bin: da" einfach mitnehmen, während aus der Ferne Teresa von Avila zu vernehmen ist, wie sie unablässig, einem Mantra vergleichbar, ihr „Gott allein genügt" vor sich hersagt. Dabei interessiert mich nicht länger, was Teresa von Avila damit genau sagen will. Allein schon, dass ER da ist, dass Du da bist, genügt mir. Ist genug.

Gott – versunken in mir

Ich frage mich: Habe ich mir über all die Jahre etwas vorgemacht? Ich muss mich immer mehr von einer Gottesvorstellung verabschieden, die mich bisher prägte, um „wirklich" Gott zu begegnen. Gottesenthaltung als Weg, Gott endlich näherzukommen. Der Wahrheit näherzukommen, dass es Gott in der Weise, wie ich es mir bisher vorgestellt habe, nicht gibt. Endlich die Gottesverdunstung stattfindet, die Voraussetzung dafür ist, dass Gott eine Chance hat, der Gott zu sein, der er wirklich ist. Also: Gott loslassen. Gott nicht einfassen wollen. Durch nichts. Kein Denken über ihn, kein Theologisieren, keine Gebäude, keine Religionen, keine Kirchen. Gott einfach loslassen, lassen, zulassen, Gott sein lassen – Gott.

Ich verstumme. Die Beziehung zu Gott ist unterbrochen. Weil ich sie unterbreche. Ich will warten. Ich will warten, was passiert, und ich merke, dass im Augenblick vieles passiert, vieles sich verwandelt. Ein Gott in mir sich verabschiedet, der nicht mein Gott war. Nicht Gott ist. Um, ja um was? Platz zu machen. Dem Unsagbaren, dem Unfassbaren, dem Unnahbaren, dem – so schwer mir das fällt, mir zuzugestehen – der ich bin: da. Dem, der – einfach nur – da ist. Und das genügt. Für immer und ewig, wie es in Händels *Messias* heißt. In mir erklingt Händels Musik dazu. Ich lasse mich davon mitnehmen. Für immer und ewig.

„Wohl mir, dass ich Jesum habe." Mit diesen Worten aus der Bach-Kantate wache ich auf. Wie gerne würde ich darin schwelgen. Doch ich „habe" nicht Jesum. Ich will ihn nicht benutzen wie eine Droge. Oder? Ist da wirklich eine Sehnsucht nach ihm? Habe ich ihn? Ich hätte es – vielleicht – gerne. Aber es verhält sich nicht so. Ich verbitte es mir, darin zu schwelgen, und schaue, was ist, wenn ich das aushalte.

Gott ist versunken in mir. Ist eingetaucht – abgetaucht? – in mir. Ist aufgegangen in mir. Alle Gebete verstummen. Sie würden nur stören: die Ruhe, den Frieden, das Einssein. Da gibt es nur noch Stille, einfach sein, Ewigkeit. Jetzt für alle Ewigkeit. Für immer und ewig. Mir fehlen die Worte. Sie gehen mir aus. Auch die Worte zum Beten. Ich spüre kein Verlangen danach. Sie lenken mich ab.

Gott ist untergetaucht im Alltag. Gott im Alltag untergehen lassen, ihn gar nicht eigens hervorheben. Nicht im Sinne von, dass er aufhört zu existieren. Vielmehr, dass er zu Grunde geht. Zum Grund geht. In allem, was im Leben, im Alltag geschieht, untergeht, aufgeht. Alles durchwirkt. In Myanmar, so wurde mir gesagt, stehen überall Kapellen, ist das Religiöse damit allgegenwärtig. Es durchzieht äußerlich sichtbar den Alltag. Wie das, sehr reduziert, zum Beispiel im Frankenland in Form von Kirchen und Bildstöcken der Fall ist. Das hat auch etwas für sich. Entscheidend ist freilich, dass Gott in uns aufgeht, allgegenwärtig ist beziehungsweise wir uns dessen bewusst werden und wir aus diesem Bewusstsein heraus leben.

Mir fällt immer weniger über Gott ein. Das, so finde ich, ist eine gute Entwicklung. Ich muss nicht mehr über Gott reden oder schreiben. Er ist ganz unauffällig, alltäglich, natürlich da. Nicht in diesem affirmativen oder marktschreierischen Sinn: Natürlich ist er da. Weiß ich doch nicht, ob es Gott gibt. Aber er ist da. Ob in oder außerhalb von mir – woher sollte ich das wissen? Weiß ich doch nicht einmal, ob es ihn gibt. DU bist da. Natürlich. Jetzt fällt es mir wieder ein. So wird er ja auch genannt, nennt er sich selbst, stellt er sich vor: „Ich bin der: ich bin: da." Was will ich mehr? Ich will nicht – mehr – mehr!

Irgendwann kommt alles Suchen an ein Ende. Weil der Unsichtbare, der Unsagbare, der unsichtbar und unsagbar ist, einfach da ist: unsichtbar und unsagbar. Einfach nur da ist. Du weißt es und du spürst: Du willst gar nicht mehr. Alles ist gut, wie es ist. Da hat dann aber auch nichts mehr Platz. Kein Lesen, kein Essen, kein Jesus, kein Beten. Sie würden nur ablenken, stören. Platz wegnehmen. Die Ruhe, ja die himmlische Ruhe stören.

Gibt es die Liebe, dann gibt es auch Gott

Für den Theologen Eduard Schillebeeckx (in: Fuchs: 2017, 299) sind alle unsere Gottesbilder menschliche Produkte und Projektionen, die es gilt loszulassen, zu zerbrechen, nicht länger an ihnen festzuhalten. Gott ist ein Geheimnis, das weit über diese Vorstellungen hinausgeht. Falls dieses Geheimnis aber nicht identisch ist mit unendlicher Liebe, „so unendlich, dass sie sich ins Endliche hinein‚bricht', ist alles verloren. Dass nicht alles verloren ist, dafür spricht die Botschaft des Evangelisten Johannes, dass Gott die Liebe ist, die unter uns dadurch geoffenbart wurde, dass Gott seinen einzigen Sohn in die Welt gesandt hat (1 Joh 4,8–9)".

Mir gefällt vor allem der erste Teil der Aussage von Eduard Schillebeeckx. Gott ist die unendliche Liebe, die sich ins Endliche hineinbrechen muss. Mit Jesus ist dieser Durchbruch erfolgt. Jetzt geht es darum, das wir – und da hätte und hat auch die Kirche eine sinnvolle Funktion – versuchen, diese endlose Liebe, so gut es geht, zu verwirklichen; und je mehr uns das gelingt, desto mehr befinden wir uns im Einklang mit dem Geheimnis, das identisch ist mit endloser Liebe.

Ich bin einer Frau begegnet – und das nur für einen kurzen Moment –, bei der ich in einem Ausmaß, wie ich es bisher noch nie erlebt hatte, gespürt habe, was es heißt, zu lieben. Einfach, alle Liebe zulassend, nur noch Liebe sein, mit der ich alles und alle um mich übergieße. In diesem Augenblick wurde mir klar, was Roger Schütz meint, wenn er sagt: „Gott ist nur Liebe." Ich muss an die kurze Begegnung mit ihm denken. Bei dieser Begegnung nach dem Mittagessen im Speisesaal der Taizé-Brüder sah er mich mit einem Blick an, der von einer Liebe durchstrahlt war, gegen die nichts und niemand angehen kann. Diese Liebe begegnet mir in der institutionalisierten Kirche kaum. Daher begegnet mir dort auch kaum Gott. Wo mir aber diese Liebe begegnet, da begegnet mir Gott.

> Diese Liebe, die Gott ist, die DU bist,
> nimmt alles von mir in Beschlag.
> Alles.
> Sie nimmt mich mit sich,
> trägt mich davon,
> lädt mich ein zum Tanz des Lebens.
> Diese Liebe, die DU bist,
> löscht alles in mir aus,
> Was gegen sie verstößt.
> Sie bringt mich in Schwung.
> Sie macht mich frei und weit.
> Sie ebnet mir den Weg
> in die Ewigkeit und
> lässt mich zugleich aber auch
> ganz in der Gegenwart sein.

Alles, was vor dieser Liebe nicht bestehen kann, bricht in sich zusammen, mag es anscheinend noch so heilig oder kirchlich daherkommen. Alles. Alles, was mit dieser Liebe einhergeht, hat mit Gott zu tun. Alles Denken über Gott findet sein Ende, wenn es einmündet in die Liebe, die größer ist als alles. Will ich mich daher auf Gottes Wege begeben, muss ich „nur" lieben. „Liebe, und tue was du willst ..." (Augustinus). Will ich wissen, ob es Gott gibt, muss ich schauen, ob es die Liebe gibt. Gibt es aber die Liebe, dann gibt es auch Gott.

Mir gefällt daher auch, was Tomas Halik (2016,373) schreibt: „Gott lieben wir so, dass wir in Gott lieben. Wir lieben in ihm die Menschen und die Welt, ähnlich wie wir die Menschen und die Welt im Licht sehen. Gott ereignet sich eher darin, dass wir lieben und wie wir lieben, als dass er der Gegenstand unsrer Liebe wäre. Er ist die ‚Biosphäre' aller wirklichen Liebe."

Gott ein gegenwärtiger Gott: der, der ich bin: da

Heiner Geißler spricht in einem seiner Bücher von Zweifel an Gott und begründet das unter anderem mit dem Elend, der Not, die es auf der Welt gibt und für die er Gott mitverantwortlich macht. Nein, das ist nicht mein Problem. Dafür mache ich Gott, so es ihn gibt, nicht verantwortlich. Das ist ein „Bild", ein Verständnis von Gott, dem ich schon lange nicht mehr folgen kann. Ich bin geneigt zu sagen, wie ich es bisher tat: Gott leidet mit den Menschen, ist bei ihnen, wenn sie in Not sind. Dabei bin ich mir bewusst, dass auch diese Vorstellung von Gott natürlich ein von Menschen gemachter und ausgedachter Gott ist. Wobei, wenn es Gott gibt und ich mich auf eine Vorstellung von ihm einlasse – was ich aber wohl besser sein lassen sollte –, dann ist Gott ein gegenwärtiger Gott: der, der ich bin: da. Der da ist. Der nicht eingreift. Weil er in seinem Dasein aktiv ist. Allein sein Dasein genügt. Mir jedenfalls.

Mir fallen in der Nacht die jungen Ordensfrauen ein, die im 19. Jahrhundert in Tansania ankamen und kaum, dass sie da waren, von einer Seuche dahingerafft wurden. Als ich vor einigen Jahren in Tansania war, besuchte ich auf einem Friedhof in Daressalam ihre Gräber. Sie kamen alle aus Deutschland als junge Missionarinnen. Wenn ich das auf mich wirken lasse, bin ich zunächst fassungslos und kann gut verstehen, dass man angesichts dieser Situation recht schnell denkt: *Natürlich* gibt es keinen Gott. Gibt es aber keinen Gott, dann muss man sich nicht länger alle die Antworten zurechtlegen, mit denen man versucht, das, was da geschehen ist, zu begreifen. Da gibt es nichts zu begreifen, weil es nicht zu begreifen ist. Man kann, wenn es keinen Gott gibt, den man für das, was geschieht, verantwortlich machen kann, einfach denen zustimmen, die sagen, alles sei Zufall. Diese Frauen hätten einfach Pech gehabt. Es sei zwar lieb und recht, nach Afrika zu gehen, um dort für die Armen da zu sein und ihnen von Gott zu erzählen. Allein, sie seien einer Illusion aufgesessen. Sie wären besser zu Hause geblieben.

So einfach ist das. Zumindest könnte man es sich so einfach machen. Wenn es tatsächlich so einfach wäre! Alles in mir lehnt sich dagegen auf. Vor allem auch, so von diesen jungen Frauen zu reden, die nach Tansania kamen und dann einfach wegstarben. So kann ich doch nicht über sie reden. So will ich auch nicht über sie reden. Wenn es so einfach wäre, dann wäre es in der Tat besser, es gäbe keinen Gott. Jedenfalls wollte ich dann nicht Gott sein. Man würde mich nur so wegfegen. Tatsache ist, *diesen* Gott, der die jungen Frauen dahinsterben ließ, gibt es natürlich nicht. Den Gott, den wir uns zusammengebastelt haben. Den ich mir gemacht habe. Den die Kirchen sich entsprechend ihren Vorstellungen zurechtgemacht haben. Ich bin erleichtert, wenn ich mir das bewusst mache. Tief in mir regt sich ein Gefühl, eröffnet sich ein Raum, der sich immer mehr ausdehnt, mich mit sich nimmt. In diesem Raum finden alle Fragen ihr Ende. Die Wolke des Geheimnisvollen umwölkt mich. Ich bin gerne bereit, in diese geheimnisvolle Welt einzutauchen. Ich weiß es nicht, ich weiß es nicht, höre ich meine innere Stimme sprechen. Ich muss es auch nicht wissen.

Der unsichtbare Gott

Was lassen wir uns nicht alles einfallen, um Gott, den wir nicht sehen, zu beschreiben, ihn „sichtbar" zu machen. Nur um ihn dadurch noch mehr zu entstellen. Der ganze Vatikan, das ganze klerikale Gehabe, kommt mir vor wie ein Puppenhaus, in dem man Gott spielt. Auf eine erbärmliche Weise versucht, Gott umzusetzen, darzustellen oder was auch immer. Und das mit einem Ernst, manchmal auch einer Tod-Ernstigkeit, wenn man an die Zeit der Inquisition denkt oder, um gar nicht so weit zurückzugehen, an die Lehrverbote und Redeverbote unter den Vorgängern des jetzigen Papstes.

Ostern liefert Bilder aus Rom, vom Papst. Jetzt auch anlässlich des 90. Geburtstages vom Papst emeritus Benedikt XVI. Das ist für mich nicht viel mehr als Folklore. Mit Gott hat das wenig oder vielleicht sogar gar nichts zu tun. Das verstellt eher den Blick auf ihn, verdunkelt ihn. Davon will ich mich ganz freimachen. Auch um Gott nicht noch mehr zu entstellen. Diese Chance sollte ich nutzen, geht es mir wirklich um Gott. Das wird nicht leicht sein für mich. Bin ich doch so sehr gefangen von dem von der Kirche vermittelten Gott. Dabei übersehe ich nicht, dass es ihr Verdienst ist, dass ich durch sie auf Gott aufmerksam gemacht worden bin. Dafür bin ich ihr auch dankbar. Doch jetzt muss ich mich von ihr emanzipieren – meiner und Gottes wegen. Also gehe ich diesen Weg.

„Niemand hat Gott je gesehen", lesen wir bei dem Evangelisten Johannes (1,18). Wir entdecken dann vielleicht auch, dass wir die Tatsache, dass wir ihn nicht sehen, auch noch dafür ausschlachten, um ihn dadurch noch größer, unerreichbarer, erhabener zu machen. Wie viel Licht und Glanz – zum Beispiel in unseren Kirchen – wenden wir auf, um ihn glanzvoll und lichtvoll erscheinen zu lassen! Wir merken dabei offensichtlich gar nicht, dass wir ihn – sollte es ihn geben – möglicherweise damit zudecken. Wir damit verhindern, dass wir sein Licht, das von ihm ausstrahlt, sehen und uns davon erleuchten lassen. Ganz abgesehen davon, dass er sich dort, wo wir dafür gesorgt haben, dass es leuchtet und glänzt, vielleicht gar nicht aufhält, sondern ganz woanders. Zuzutrauen wäre es ihm.

Was Gott angeht, müssen wir ehrlich sein. Ich meine, die Kirche muss ehrlich sein. Sie darf nicht etwas zurechtbiegen. Gott und schwindeln vertragen sich nicht. Allein, was können wir tatsächlich über Gott sagen? Da gibt es die Bibel, für viele ein Einbruch des Transzendenten. Da erfahren wir etwas von Gott. Verhält es sich so? Oder machen wir uns da etwas zurecht?

Die Methode „Friss, Vogel, oder stirb", nach der es sich bei der Bibel um eine Offenbarung Gottes handelt und es einem gar nichts anderes übrigbleibe, als das so zu akzeptieren, lehne ich ab. Da geht es mir so wie Dietrich Bonhoeffer (1998,415), der sich hier von Karl Barth unterscheidet, für den ein solches

Verständnis und eine sich daraus ergebende positivistische Offenbarungslehre wichtig sind. Eine Sichtweise, der ich oft in Diskussionen begegne. Da heißt es dann, die Bibel sagt doch das und jenes. Das kann manchmal hilfreich sein, stellt aber in den meisten Fällen ein Hindernis dar, Gott wirklich zu „finden".

Zunehmend Widerstand meldet sich bei mir auch, wenn ich zum Beispiel näher in den Blick nehme, wie sehr die Kirche sich selbst inszeniert und sich nicht davor scheut, alles Mögliche und Unmögliche aufzubieten, um die Oberhoheit über das Heilige für sich postulieren zu können. Wie einfach es sich doch die katholische Kirche macht! Es hört sich an wie eine Bilderbuchgeschichte. Da ist Gott. Der schickt seinen Sohn auf die Erde. Der macht Petrus zum ersten Papst. Auf diesem Felsen gründet sich die katholische Kirche und wird damit zum Alleinerben. Der Papst zum Stellvertreter Gottes auf Erden.

Und dann besetzen wir auch noch den Himmel mit unseren Kandidaten, wobei wir dabei die Kleriker und unter ihnen am liebsten auch noch ehemalige Päpste bevorzugen. Wir legen fest, welche Voraussetzungen dafür gegeben sein müssen, damit jemand offiziell zum Heiligen erklärt werden kann. Ich denke da zum Beispiel an die angeblichen Wunder, die eine Voraussetzung dafür sind, dass jemand zum Heiligen erkoren wird. Wir erwecken den Eindruck, über den Himmel verfügen zu können. Den staffieren wir mit unseren Vorstellungen aus und sorgen auch noch dafür, dass ihm das Personal nicht ausgeht.

In Fatima hat der Papst die Seherkinder heiliggesprochen. Hunderttausende Menschen waren dabei. Alles nur ein Zirkus? Was hat das mit Gott zu tun? Für mich wenig, sollte es überhaupt etwas damit zu tun haben. Ich war einmal vor vielen Jahren in Fatima. Ich erinnere mich noch an den großen Platz und wie ich da auf einer Bank den damaligen Chef des Cusanuswerks entdecke, den Rosenkranz betend. Das hat mir imponiert. Das Spectaculum Heiligsprechung empfinde ich dagegen eher als abstoßend. Auch glaube ich nicht an diese Geschichten. Da schäme ich mich eher, katholisch zu sein.

O Gott, was haben wir aus dir gemacht, möchte ich da am liebsten ausrufen. In diesem Moment spüre ich mich. Spüre ich, dass es mir um Gott geht. Ich mich mit ihm solidarisiere. Ich ihn in Schutz nehmen will. Ist das ein Hinweis, dass es ihn, dass es DICH gibt? Du, der ich bin: da, bist?

Am Abend gehe ich den Film *Die Hütte*. Er spricht mich teilweise an, berührt mich. Dann wieder kommt mir alles etwas überzogen vor. Too much. Gott? Es ist ein Bilderbuchgott. Vergleichbar dem Gott, wie ihn sich die katholische Kirche in ihrer äußeren Struktur zusammengebastelt hat, wenn auch die Hülle dieses dreifaltigen Gottes in *Die Hütte* sympathischer ist.

Ich bin mir, wenn ich das schreibe, sehr wohl bewusst, dass ich, wenn ich solche Gedanken zulasse, wieder einmal meine Zurückhaltung aufgebe und Gott nicht lassen kann, ihn nicht loslasse. Doch was will, kann ich dagegen tun? Es sind diese Momente, in denen Gott ohne langes Überlegen ganz einfach nur da ist. Ob ich es will oder nicht. Ganz unauffällig. Nicht der Rede wert. Und ohne viel Drumherum – wie wir das zum Beispiel von der Kirche her kennen. Auch ohne irgendeine außergewöhnliche Erfahrung, etwa des Heiligen, des Tremendum et Fascinosum. Auch ohne Papst, ohne Gottesdienst, ohne liturgische Farben, ohne katholisch, protestantisch, jüdisch, muslimisch etc.

Ruhe kehrt in mir ein. Ich schließe die Augen. Was soll all das Denken, Reden, Geschwätz, Herumgemache, Aufhebens um Gott? Das alles braucht es nicht. Das alles stört nur. Steht im Wege. Verstellt den Blick. Es ist die Ewigkeit, die unbeweglich in sich ruht und doch auch voller Leben und Kraft ist, um die es geht. Die Ewigkeit, die unangreifbar und unzerstörbar ist. Die mich umfängt. Die atmet. Ein- und ausatmet. Von nun an bis in Ewigkeit. Mein Atmen geht auf in der Ewigkeit. In IHM. In SEINEM Atem.

Ich lese bei Michel Montaigne (Essays, 483): „Die Blüte des Lebens stirbt und vergeht, wenn das Greisenalter eintritt, und die Jugend endet in der Blüte des Mannesalters, die Kindheit in der Jugend, und das Säuglingsalter in der Kindheit, und der gestrige Tag stirbt im heutigen, und der heutige Tag wird im morgigen Tag sterben; und nichts ist, was bliebe noch, was beharre." Für Montaigne sind die Dinge entweder geworden, im Werden oder im Vergehen. Von Gott, der der alleinige ist, der ist, zu sagen, er war oder er wird sein, ist unstatthaft. Gott allein ist nicht nach irgendeinem Maß der Zeit. Er allein ist nach einer unbewegten und unbeweglichen Ewigkeit, die von keiner Zeit gemessen wird und keiner Wandlung unterliegt. Doch damit nicht genug – Montaigne gerät in Schwung und fährt fort, dass vor Gott nichts ist noch nach ihm, noch neuer und jünger sein wird. Er ist ein wirklich Seiendes, das durch ein einziges Jetzt dessen Immer ausfüllt. Es ist nichts, was wirklich ist, als er allein, ohne dass man jetzt sagen könnte, er war oder er wird sein, ohne Anfang und ohne Ende.

Nach einer solchen Explosion von geistigen Höhenflügen, die etwas Faszinierendes an sich haben, muss ich zunächst einmal durchschnaufen. Auf mich wirken lassen, was Montaigne damit sagen möchte. Irgendetwas spricht mich da an. Vielleicht, weil ich noch nie auf eine so wunderbare Beschreibung von Ewigkeit getroffen bin. Mir fällt der Satz aus einem Hymnus ein, den die Mönche zum Mittagsgebet singen: „Du aller Dinge Kraft und Grund, der unbewegt stets in sich ruht."

„Nimm und lies"

In der Zeit nach meiner Entscheidung bin ich besonders sensibel für alles, was irgendwie mit dieser Entscheidung zu tun hat oder zu tun haben könnte. Ein Beispiel: Ich bereite einen Vortrag vor. Während ich meine Gedanken niederschreibe, muss ich plötzlich an den Satz von Augustinus denken: „Tolle, lege" – „nimm und lies". Ich unterbreche meine Arbeit und suche in den *Bekenntnissen* nach dem Text. Ich finde den Text und lese:

> Ich aber warf mich, ohne zu wissen wie, unter den Feigenbaum auf den Boden und ließ meinen Tränen freien Lauf. Wie in Strömen brachen sie aus meinen Augen ...
> Und voller Jammer schrie ich hinaus: „Wie lange noch? Wie lange noch? Morgen und immer wieder morgen? Warum nicht jetzt? Warum kann diese Stunde nicht meiner Schande ein Ende setzen?"
> So sprach und weinte ich in der größten Bitternis meines Herzens.
> Und siehe, da hörte ich aus dem benachbarten Haus die Stimme eines Knaben oder eines Mädchens in singendem Ton immer wiederholen: „Nimm und lies, nimm und lies!"

> Sogleich veränderte sich mein Gesichtsausdruck, und ganz angestrengt begann ich nachzudenken, ob etwa die Kinder bei irgendeinem Spiel derartiges zu singen pflegten, aber ich entsann mich nicht, jemals solches gehört zu haben.

> Da drängte ich meine Tränen zurück und stand auf, konnte ich mir doch keine andere Erklärung geben, als dass eine göttliche Stimme mir befehle, die Heilige Schrift zu öffnen ...

Daher ging ich eiligst auf den Platz zurück, wo mein Freund Alypius saß. Dort hatte ich die Briefe des Apostels Paulus liegen gelassen, als ich aufgestanden war.

Ich griff nach dem Buch, öffnete es und las still für mich den Absatz, auf den zuerst meine Augen fielen:
„Lasst uns ehrenhaft leben wie am Tag,
ohne maßloses Essen und Trinken,
ohne Streit und Eifersucht.
Legt (als neues Gewand) den Herrn Jesus Christus an"
(Röm 13,13f).

Ich wollte nicht weiterlesen, es war wahrlich nicht nötig; denn bei dem Schluss dieser Worte kam das Licht des Friedens über mein Herz, und die Schatten des Zweifels entflohen (Conf. VIII,12,28–29).

Ich kenne den Text. Habe ihn schon öfters gelesen. Jetzt aber berührt er mich auf eine besondere Art. Es ist die Not von Augustinus, sein Jammer, seine Verzweiflung, die mir nahegehen. Es sind seine Fragen „Wie lange noch? Wie lange noch? Morgen und immer wieder morgen? Warum nicht jetzt?", die mich an meine Fragen erinnern, mich mit meinem Warten, meiner Not, meiner Verzweiflung in Berührung bringen. Es sind seine Zweifel und sein Verlangen nach Gewissheit, die zugleich Zweifel sind, in denen ich mein Verlangen nach Gewissheit entdecke. „Melde dich doch. Lass mich doch wissen, was Sache ist. Halte mich nicht länger im Ungewissen." Diese Worte spreche ich in meinem Herzen. Ich merke, wie mich diese ganze Auseinandersetzung zunehmend existentiell betrifft. Es sich nicht länger – und war es wohl auch nie – um ein Spiel, einen Versuch handelt. Es sich vielmehr um eine todernste Angelegenheit handelt, mit der man nicht spaßen darf. Ich bin neidisch auf Augustinus, der offensichtlich ein Zeichen von Gott bekommen hat. Die Schatten des Zweifels verschwinden.

Ich will nicht darauf verzichten, am Sonntag in die Eucharistiefeier zu gehen. Mich dort, zusammen mit anderen, an das Abschiedsmahl Jesu zu erinnern. Ich bin gerne Christ. Kann mich gut zu Jesus bekennen. Dem, wofür er steht, seiner „Sache". Ob ich über Jesus bei meiner Suche nach Gott, bei meinem Warten auf ihn, weiterkomme? Da klingelt etwas in mir. Früher stand für mich Gott im Vordergrund. Er war mein Grund. Jesus stand da irgendwo daneben. Aber vielleicht kann ich über Jesus zu Gott finden. Diesen Mann, der in Palästina gelebt hat. In der Gegend, in der ich mich vor kurzem zwei Wochen lang aufgehalten habe. Dort hat er gewirkt. Er spricht von Gott als seinem Vater. Er ahnt, „weiß" da etwas.

Wenn ich das so sehe, eröffnet sich da eine Möglichkeit, einen Zugang zu Gott zu bekommen über den, bei dem es mir immer schwerfiel, in eine innigere Beziehung zu ihm zu treten: Jesus. Er hat die Mauer, die Wand, die zwischen uns Menschen und Gott steht, durchbrochen. Ob ich es mit seiner Hilfe schaffe, diese Wand auch für mich zu beseitigen, ja zu durchbrechen? Er hat, wie das C. G. Jung von seiner Fähigkeit, sensibel zu sein für das Unbewusste, sagt, geahnt, gesehen, was hinter der Mauer ist. Was zu sehen uns in der Regel versagt bleibt: Gott. *Ihm* glaube ich es. Wenn er das sagt, dann wird das so sein. Auf *sein* Wort hin kann ich vorbehaltlos an Gott glauben. *Das* ist sein Verdienst. Ich bin überrascht und durcheinander. Ist das die Lösung? So einfach. Einfach?

Ich habe keine Fragen mehr. Alles ist ruhig. Aber alles ist jetzt auch klar. Jesus glaube ich. Ich kann es noch gar nicht so richtig fassen. Kein Gewittersturm, den Tränen in Strömen begleiten, wie Augustinus seine innere Situation beschreibt, kurz bevor er dem Ruf „Nimm und lies" folgte, der schließlich zu seiner Bekehrung führte. Eher trifft auf mich zu, was bei Augustinus dem vorausging: eine tiefe Betrachtung aus geheimem Grunde, das all mein Elend hervorzog und vor dem Angesichte meines Herzens sammelte.

Eine bewahrende und gestaltende Kraft

Ich muss an eine Erzählung von Jörg Zink (2016,16) denken. Darin blickt er auf seine Kindheit zurück. Er sieht sich als Kind, das auf einem freistehenden Felsen sitzt und über das Land hinschaut. Er schreibt dazu: „Hinter den Bergen und Felsen, hinter Häusern und Menschen ist in dieser Welt eine stille, bewahrende und gestaltende Kraft. Eine Kraft, die die Erwachsenen ‚Gott' nennen." Diese Worte berühren mich tief. Sie geben mir Trost. Ich sehe Jörg Zink vor mir, wie er – es muss 1974 oder 1975 gewesen sein – im Pfarrhaus des Propstes der evangelischen Erlöserkirche in Jerusalem in einer Ecke sitzt. Später erzählt er uns Studenten, die gerade in Israel studieren, von Jesus, an den ihn vieles hier in der Stadt und in Israel erinnert. Wie wenn er ihm hier auch heute noch begegnete. Fast 40 Jahre später treffe ich ihn wieder im Recollectiohaus: ein aufmerksamer alter Mann mit wachen Augen.

Jörg Zink spricht in seinen Erinnerungen im Zusammenhang mit Gott von einem Licht, das ihn sein ganzes Leben lang nicht verlassen hat. Ein Licht, das ihm in seiner Heimat begegnete, lange bevor er es in den Schriften des Neuen Testamentes wiederfand. Er spricht mir damit aus dem Herzen. Entspricht es doch auch meiner Erfahrung von Gott, der ich in den Psalmen und in dem Gott Jesu wiederbegegne. Die Kirche spielt dabei nur eine marginale Rolle.

So wie es Jörg Zink formuliert, kann ich es lassen: Gott als „eine stille, bewahrende, gestaltende Kraft". Wenn ich diese Worte auf mich wirken lasse, breitet sich in mir ein Gefühl tief empfundenen Glücks aus. Habe ich zu Gott zurückgefunden? „Ich kann ihn wieder preisen, meinen Gott." Ich muss mich nicht von Gott trennen. Muss mich nicht von ihm verabschieden. Diese stille Kraft, dieses Licht, das „mich auf meinen vielen Wegen und Gefahren und Aufträgen nie verlassen" hat (Zink 2016,16), ist nicht nur mein Selbst. Diese Kraft ist viel, viel mehr. Auch mehr und noch einmal anders, als ich mir bisher Gott „vorgestellt" habe. Aber auch jetzt ist natürlich das, was / der, den ich für Gott halte, noch einmal ganz anders und viel mehr.

Verabschieden muss ich mich aber vor allem von einer Kirche, die Gott entstellt, die meint, über Gott verfügen zu können. Die sich zu seiner Sprecherin macht, ohne es wirklich zu sein. Mit einer solchen Kirche will ich nichts zu tun haben. So leid es mir tut, aber so vieles, was wir, die Kirche, aus Jesus gemacht haben, hat vor der Wirklichkeit keinen Bestand. Es ist nicht mehr als eine „künstliche" Welt, die wir, die Kirche und überhaupt die Kirchen, geschaffen haben. Es ist von Menschen gemacht, ganz sicher inspiriert durch Jesus. Seine Ideen wirken hier mal mehr, mal weniger gut umgesetzt weiter. Das aber ist auf der anderen Seite auch schon ganz viel.

Ruhe kehrt bei mir ein. Erleichterung. So stimmt es für mich mit Gott. So mache ich mir nichts vor, was ihn betrifft. „Keiner glaubt an Gott, weil er seine Existenz beweisen könnte, sondern weil Gottes Wirklichkeit in ihm geschehen ist", schreibt Reinhold Schneider (in: Nürnberg 2017,27). Es geht immer zuerst und vor allem um Gott. Dann erst – vielleicht – um Jesus. Dann – irgendwann – vielleicht – um die Kirche.

Ich bin Teil eines Größeren. Mein Leben geht seinen Gang. Vom Anfang bis zum Ende. Ich gehe ohne Furcht mein Leben in immer kleineren Schritten, die mich immer mehr nach innen, immer mehr weg von außen führen. Ich überlasse mich ohne Widerstand diesem vorgegebenen Rhythmus, hinter dem ich die stille, bewahrende, gestaltende Kraft am Wirken sehe.

Gott in unserer Welt sichtbar zu machen

Mir hilft die Vorstellung, dass es Gott gibt, wie immer wir ihn auch bezeichnen mögen. Das Christentum ist ein Angebot, Gott in unserer Welt, in unserem Leben – ja was? – sichtbarer, spürbarer zu machen. Menschen für Gott zu sensibilisieren. Mit dazu beizutragen, dass Gott zum Beispiel durch Taten der Liebe konkret wird. Dabei wird mir auch noch klarer, wie verheerend es ist, wenn Christentum, wenn Kirche mit lieblosem Verhalten, sexualisierter Gewalt, um nur einige negative Verhaltensweisen zu nennen, verbunden wird. Dann wird dieses Angebot zur Farce, verdunkelt es das Bild von Gott, erschwert es den Weg zu Gott.

Bei dem grundsätzlichen Angebot und Auftrag des Christentums, Gott in unserer Welt und in unserem Leben lebendig zu erhalten, kommt natürlich Jesus eine herausragende Rolle zu. Jesus, „der tatsächlich ein Mensch gewesen ist, der im ländlichen Galiläa aufwuchs, seine Familie später verließ und als Wanderprediger wirkte, in Bedrängnis geriet und am Kreuz in Todesangst nach Gott rief, von dem er sich verlassen glaubte" (Schröter 2014,300). Für den Neutestamentler Jens Schröter (vgl. 2014,306) ist im Wirken und Geschick des galiläischen Juden Jesus von Nazareth „Gott selbst erfahrbar geworden". Ist das nicht wunderbar und einzigartig? Das muss man erst einmal voller Staunen auf sich wirken lassen, um dann die in seinem Wirken erfahrbar gewordene Nähe Gottes in unsere Zeit hinüberzuretten, wollte ich weiterfahren. Doch ich stutze. Was heißt hinüberretten. Bleibe doch einfach bei dem Staunen. Dem Gefühl, das dich tief berührt, wenn du dir das vergegenwärtigst. Vergegenwärtigst. Es ist doch gerade da. Jetzt. In dem Augenblick, in dem ich das lese, schreibe, ausspreche. „Gott ist in Jesus erfahrbar geworden." Das ist überwältigend. Davon geht eine Kraft aus, die Trost und Hoffnung schenkt, jetzt, heute. Im Bewusstsein, in der Erfahrung und aus der Überzeugung heraus, dass Gott selbst sich in dieser Geschichte Jesu uns Menschen zugewandt hat (vgl. Schröter 2014,306). Was will ich mehr? Es genügt mir. Gerade auch, was Jesus betrifft.

Auf meine „Urerfahrung" zurückgeworfen werden

Meine Entscheidung, die ich vor wenigen Monaten am See Genezareth getroffen habe, meine Zweifel zuzulassen, dass es Gott vielleicht doch nicht gibt, hat viel in mir ausgelöst. Das hätte ich nicht erwartet. Ich bin auf meine „Urerfahrung" zurückgeworfen worden: tief in mir zu spüren, dass es gibt, existiert, was wir Gott nennen. Diese Urerfahrung ist das Fundament, auf dem mein Glauben ruht. Da muss ich mich nicht zu irgendetwas zwingen, irgendetwas zu glauben. Ich schließe die Augen. Richte meine Aufmerksamkeit nach innen. Ich komme in Berührung mit dieser Erfahrung, die alles in mir, alles, was mich ausmacht, erfüllt. Ich bin in diesem Moment nur noch da. Will nur noch da sein. Jetzt und in Ewigkeit.

Ich weiß es nicht, ob Jesus Gottes Sohn ist. Er auferstanden ist. Die frühen Christen glaubten das irgendwann. Die offizielle katholische Kirche und viele Christen tun das heute. Für mich ist das aber nicht entscheidend für meine Zugehörigkeit zum Christentum. Jesus ist ein Tor, das zu Gott führt. Wenn Edith Stein davon spricht, an er Hand Jesu zu gehen oder Henri Nouwen für eine innige Jesusbeziehung plädiert, dann, denke ich, ist es letztlich Gott, der dafür oder dahintersteht. Es ist die Urerfahrung von Gott, die über verschiedene Wege spürbar ist und in unserem Leben zum Ausdruck kommt. Das gilt auch für Maria oder – für wen das wichtig ist – die Heiligen.

Die Beziehung zu Jesus kann meine Urerfahrung von und mit Gott beleben, verstärken, in eine Gestalt bringen, wenn Gott tatsächlich in und durch Jesus auf eine besondere Weise etwas von sich durchscheinen lässt. Komme ich in Kontakt mit Jesus, kann ich mich über ihn ganz vorsichtig nach vorne tasten hin zur ewigen Präsenz, die wir Gott nennen. Um schließlich in eine persönliche Beziehung zu ihr zu treten. Bei der dann aus der allgemeinen ewigen Präsenz ein DU wird. Wie ich es von früher her kenne. Mir aber zwischendurch versagt habe. Jetzt aber wieder zulassen kann und will. Dafür muss man aber aus Jesus nicht mehr machen, als er ist. Wir haben keinen Zugriff zum Transzendenten. Das aber ist gut so. Das muss sich vor allem die Kirche hinter die Ohren schreiben und sich diesbezüglich entsprechend bescheidener verhalten. Sie ist und bleibt im irdischen Bereich. Bleibt auf diesen Bereich beschränkt, sosehr sie auch für sich den Anspruch erheben mag, für den jenseitigen Bereich zuständig zu sein.

Was Jesus betrifft, ist es äußerlich gesehen bedeutsam, „dass die schon bald einsetzende Verehrung des aufgeweckten und himmlisch inthronisierten Christus" nicht dazu geführt hat, zu vergessen, „dass Jesus eine geschichtliche Gestalt gewesen ist und als Mensch unter Menschen gelebt hat" (von Bendemann, in: Schröter 2014,114). Wie gut das tut, zu lesen, dass Jesus eine geschichtliche Gestalt gewesen ist und als Mensch unter Menschen gelebt hat.

Diesem Jesus bin ich sehr nahe. Näher als dem erhöhten Christus. Ich kann das verstehen. Alle die Versuche, aber auch Versuchungen, Jesus zu erhöhen, zu überhöhen, auszuschmücken, mit Hoheitstiteln auszustaffieren, wo doch nur ein Hoheitstitel, so der Neutestamentler Venetz, gesichert ist, nämlich der „Säufer und Fresser". Ich brauche das aber nicht für mich. Wenn ich bedenke, zu was das alles geführt hat! Was haben sich da Theologen und Kirchenleute nicht alles einfallen lassen?! Miteinander gestritten, ja sich darüber die Köpfe eingeschlagen. War es das wert? Bei allem Respekt vor denen, für die das wichtig ist.

Ich denke an meine Mutter. Nach ihrem Tod entdeckte ich ein Büchlein, in das sie ganz persönliche Gedanken auch über ihre Beziehung zu Jesus niedergeschrieben hatte. Darin ist zu spüren, eine welch innige Beziehung sie zu Jesus unterhielt. Oder mir fällt der letzte Osterbrief einer Freundin ein, in dem sie über die Begegnung mit einer syrischen Frau schreibt: „Wir werden immer im Kleinen beginnen müssen und vertrauen, dass die Zeichen der Hoffnung und des Friedens Kreise ziehen. Jesus – mitten unter uns." So einfach kann es auch sein. Da ist Jesus, der in Galiläa unter den Menschen lebte. Dort ist Jesus, zu dem meine Mutter eine innige Beziehung pflegt. Ihr daraus Hilfe und Trost erwachsen. Braucht es viel mehr? Und dann muss ich auch akzeptieren, dass Jesus auch im Vatikan ist, wenn man ihn hereinlässt und sich nicht an seine Stelle setzt. Ich denke an meinen Aufenthalt am See Genezareth:

Ich sehe Jesus am Ufer
Er schien einfach
So einer für den Alltag
Er sagte: Komm
Ich warte
Hoffe nicht auf Wunder
Zu mir geht man durchs Feuer
(Jan Twardowski, in: Heidrich 2017, 173)

Teil III

Die Erschütterung

Unerbittlich wurde ich eines Besseren belehrt

Es beginnt mit den Schatten, die am linken Auge auftauchen. Irgendetwas stimmt da nicht. Schließlich stellt sich heraus, dass es sich um eine Netzhautablösung handelt, die mit Lasern und einer Vereisung gestoppt werden kann. Diese Erfahrung scheucht mich aus meiner Ruhe, auch einer gewissen Selbstzufriedenheit. Ich bin verwundbar. Das wusste ich schon immer. Aber es jetzt konkret zu erfahren, das ist noch einmal etwas anderes. Nach einem kurzen Aufenthalt in der Uniklinik, der Begegnung mit freundlichen und unmöglichen Ärzten scheint diese Schreckenszeit überwunden zu sein. So denke ich und hoffe ich jedenfalls.

Doch bereits während dieser Zeit gab es einige Situationen, die mir im Nachhinein deutlich machten, dass das nicht alles war. Beim Ausführen unseres Hundes, bei dem ich auch öfters einen Weg wählte, der etwas steil war, spürte ich an dieser Stelle plötzlich, wie mir die Luft wegblieb. Zunächst dachte ich, nun, du bist älter geworden. Das ist normal. Als ich dann bei einem Arztbesuch ein schnelleres Tempo einlegen musste, um den Bus rechtzeitig zu erreichen, und mir dabei die Luft wegblieb, wurde ich misstrauischer.

Nach einer Kathederuntersuchung war klar: Ich muss mich einer Bypass-Operation unterziehen. Ich versuchte, so gut es mir gelang, mich auf die Operation einzustellen, wurde zugleich aber auch immer wieder von Ängsten eingeholt. Gedanken wie: Werde ich das alles schaffen, aushalten, auch überstehen? plagten mich. Die Operation selbst am offenen Herzen verlief gut. Bedingt durch Missverständnisse, kam es aber danach zu Situationen, bei denen ich den Eindruck hatte: Etwas ist schiefgelaufen. Ja, es ist nicht auszuschließen, dass ich sterben muss. Das hatte unter anderem zur Folge, dass ich tagelang nicht schlafen konnte und bei mir zunehmend der Eindruck entstand, nie mehr schlafen zu können. Unwillkürlich muss ich heute, wenn ich darüber nachdenke, an den Roman *Schlafes Bruder* von Robert Schneider denken: Hypnos, der Gott des Schlafes, ist der Bruder von Thanatos, dem Gott des Todes. In dieser Gemengelage befand ich mich.

Das war der Beginn einer Agonie, die sich in unterschiedlichen Ausprägungen, mal weniger beängstigend, dann überbordend in Verzweiflung und Depressionen niederschlug. Es war eine Zeit, die ich nur dank der Unterstützung meiner Frau, unserer Kinder, einiger Freunde und Freundinnen und ärztlicher, psychotherapeutischer und spiritueller Begleitung und Behandlung überlebte. Noch nie in meinem Leben war ich mit einer solchen Herausforderung konfrontiert. Musste ich erfahren, was es heißt, ohnmächtig einer Situation ausgesetzt und total auf die Hilfe anderer angewiesen zu sein.

Bisher war ich es in der Regel zumindest gewohnt, anderen zu helfen. Ich war in der Rolle des Helfers, des Gesunden, der für andere da ist, die krank sind beziehungsweise meiner Hilfe bedürfen. Mir zuzugestehen, jetzt selbst bedürftig, krank zu sein, verlangte von mir viel Demut. Wie oft wurde ich in dieser Zeit an die Worte erinnert, die ich bisher gerne anderen gepredigt hatte, wonach es wichtig ist, zu seiner Schwäche zu stehen. Sich zuzugestehen, der Hilfe anderer zu bedürfen, wenn ich alleine nicht mehr weiterkomme. Vor allem aber auch, dahin zu kommen, die Situation, so schrecklich und beschissen sie ist, anzunehmen. Denn: Was nicht angenommen ist, kann nicht geheilt werden.

Auch wurde ich oft an die Erkenntnis des Philosophen Sören Kierkegaard erinnert, dass Mitleid nur dann echt ist, wenn man sich innerlich zugestanden hat und mit größerer Sicherheit, als ein Kind sein ABC kennt, weiß, dass alle treffen kann, was einen getroffen hat. Auch das war mir immer schon klar gewesen. Aber letztlich hoffte ich bis zu diesem Zeitpunkt, irgendwie davon verschont zu bleiben. Für die anderen mag das schon zutreffen, aber doch nicht für mich … Ich sah mich als einen, der, von Gott geküsst, hier eine Sonderrolle einnimmt. Welch eine Vermessenheit. Welche eine Täuschung.

Jetzt wurde ich unerbittlich eines Besseren belehrt. Das große Geschenk, das mir in diesem Zusammenhang beschert wurde, waren die Begegnung, die Annahme, die Liebe der Personen, die sich als Bedürftige und Kranke im gleichen Boot befanden wie ich. Sie trugen neben meiner Familie und Freunden ganz entscheidend dazu bei, dass ich diese Zeit überlebte, irgendwann verwandelt aus dieser Agonie aufwachen und mit neuen Kräften mich wieder dem Leben zuwenden konnte.

Depression und Dunkle Nacht Erfahrung

Ich könnte diese Phase meines Lebens für sich betrachten, ohne sie in Beziehung zu setzen zu meiner am See Genezareth getroffenen Entscheidung, meine Zweifel an Gott zuzulassen und den Prozessen und Nachwirkungen, die sich daraus ergeben haben. Ich kann es aber nicht. Zu sehr spüre ich, dass sie etwas miteinander zu tun haben. Für mich setzte sich in diesen Erfahrungen fort, was am See Genezareth begonnen hatte. So will ich meine Entscheidung, meine Zweifel an Gott zuzulassen und nicht so selbstverständlich, wie das für mich in der Vergangenheit der Fall war, davon auszugehen, dass es Gott gibt, auch im Lichte dieser Zeit beleuchten. Dabei werde ich mich vor allem auf die Heimsuchung durch schwere Depressionen nach meiner Herzoperation, die ich auch als Dunkle-Nacht-Erfahrung erlebte, konzentrieren.

Was ist eine Depression, was eine Dunkle-Nacht-Erfahrung? Eine Depression ist eine seelische Erkrankung, die unter anderem dazu führt, dass das ganze Leben so durch einen Filter gesehen wird, das nahezu alles als negativ, schwer, dunkel erscheint. Ohne diesen Filter wäre es zumindest auch positiv, erträglich und hell. Diese Erkrankung, die in unterschiedlichen Schweregraden von sehr schwer über mittelschwer oder leicht auftreten kann, kann entsprechend dem Schweregrad dazu führen, dass die Person, die davon betroffen ist, in der Ausübung ihrer täglichen Lebens- und Arbeitsvollzüge beeinträchtigt sein kann. Sie bedarf ärztlicher und psychotherapeutischer Behandlung und Begleitung.

Mit diesen wenigen Worten könnte man aber auch eine Dunkle-Nacht-Erfahrung beschreiben. Entscheidend ist, wie man diese Erfahrung deutet. Für den Mediziner und Psychologen ist die Depression eine psychische Krankheit, die man überwinden will. Die Dunkle Nacht wird von einem spirituellen Begleiter als eine spirituelle Erfahrung, ein Prozess, verstanden, der zum Ziel hat, uns zu verwandeln

Generell kann man von der Dunklen-Nacht-Erfahrung sagen, dass sie selbstverständlich zu unserem Leben gehört. Sie muss nicht immer schmerzvoll oder als deprimierend erfahren werden. Manche können während einer Dunklen-Nacht-Erfahrung kreativ, gedanklich voll präsent und arbeitstüchtig sein. Andererseits kann uns auch eine Dunkle Nacht so sehr zusetzen, dass wir nicht mehr in der Lage sind, in unserem alltäglichen Leben normal zu funktionieren. Sie entspricht dann dem psychischen und seelischen Zustand einer mittelschweren oder schweren Depression.

Bei dem, was ich erlebte, handelte es sich nach meiner Einschätzung um eine Dunkle-Nacht-Erfahrung und zugleich um eine mittelschwere oder auch schwere Depression. Denn, davon bin ich inzwischen überzeugt, die Dunkle Nacht kann gleichzeitig eine ausgeprägte Depression sein. Sie ist nicht nur eine Depression light.

Für einen Psychiater und Psychologen liegt in solchen Fällen zunächst und vor allem eine psychische Krankheit vor, die je nach Schwere medizinisch und psychotherapeutisch behandelt werden muss. Ihre Aufgabe besteht darin, Leid zu vermindern. Dabei zu helfen, die Lebensgeister zu wecken, um wieder besser mit dem Leben zurechtzukommen, wieder gut im Alltag funktionieren zu können. Wo das gelingt, ist das ein großer Gewinn (vgl. May 2003,155f.).

Auf der anderen Seite kann aber die Depression auch ein Hinweis auf etwas sein, das zu beachten von großer Bedeutung sein kann. Hier halte ich es mit C. G. Jung, der die Depression mit einer Dame in Schwarz vergleicht. Tritt sie auf, empfiehlt er, sie nicht wegzuschicken, sondern sie als Gast zu Tisch zu bitten und zu hören, was sie mir zu sagen hat. Das gilt auch für die Dunkle-Nacht-Erfahrung. Sehe ich in der Depression auch eine mögliche Dunkle-Nacht-Erfahrung, kann ich sie auch als eine Erfahrung würdigen, in der spirituelle Prozesse sich andeuten und sichtbar werden, ohne dabei zu vergessen, dass es sich bei einer Depression auch um eine psychische Krankheit handelt. Eine solche Vorgehensweise verträgt sich mit der Arbeit und dem Vorgehen von Psychotherapeuten und Ärzten. Sie nimmt zugleich auch die spirituelle Betrachtungsweise und das Bemühen spiritueller Begleiterinnen ernst. Bei einer spirituellen Betrachtungsweise geht es unter anderem darum, die bedrückende Erfahrung, bei der alle Lebensgeister ausgelöscht zu sein scheinen, im Lichte meiner Spiritualität, meines spirituellen Lebens, meiner Beziehung zu Gott zu sehen und zu deuten.

Manchmal gewinnt man ja den Eindruck, als würden Ereignisse, die zunächst anscheinend nichts miteinander zu tun haben, wie durch unsichtbare Fäden miteinander verwoben. Erst später glaubt man zu entdecken, dass hier manchmal auf eine geheimnisvolle Weise Kräfte wirken, die unterirdisch auf etwas hinwirken, was ihnen längst klar ist, während unser bewusstes Ich noch nicht weiß, wohin das alles führen mag. So mutet es mich im Nachhinein etwas eigenartig an, dass ich mich während des Aufenthaltes in Tabgha am See Genezareth viel mit der Dunklen Nacht beschäftigte. Ich hatte das früher schon öfters getan. In Tabgha wollte ich mich noch einmal intensiver damit befassen, auch als Vorbereitung auf ein Seminar zu dem Thema. Damals ahnte ich nicht, dass meine Seele mich vorbereitete auf eine Phase, die zu den schlimmsten Erfahrungen meines Lebens zählt.

Wenn ich jetzt versuche, nicht ohne Zittern und Bangen, noch einmal dahinein einzutauchen, tue ich es – Gott sei Dank – auf der Basis, dass es vorbei ist. Ich mache mir das jeden Tag neu bewusst. Kann manchmal nur darüber staunen, dass ich es geschafft habe. Ich wieder lebe. Bin erfüllt von großer Dankbarkeit. Einmal, weil es vorbei ist. Dann auch, weil mir die Agonie, der Todeskampf, zu neuem Leben verholfen, letztlich dazu beigetragen hat, das Leben neu zu umarmen. Also wage ich zurückzuschauen, mich inzwischen wieder auf sicherem Boden wähnend.

„Errette mich aus dem Kot, dass ich nicht versinke"

Ich bin am Ende. Was ich empfinde, finde ich sehr gut wiedergegeben in den Erzählungen von Henri Nouwen (1989,11 ff.) über eine der schrecklichsten Phasen seines Lebens. Alles ist zusammengebrochen: meine Selbsteinschätzung, meine Lebensenergie und mein Arbeitseifer; auch das Gefühl, geliebt und gehalten zu sein, sowie meine Hoffnung auf Heilung und mein Vertrauen auf Gott. Alles. Ich befinde mich in völliger Dunkelheit. Was ist passiert? Ich bin mit meiner eigenen Nichtigkeit konfrontiert worden und fühle mich so, als wäre alles, was meinem Leben Bedeutung gegeben hat, plötzlich weggewischt, vor mir nichts als ein dunkler Abgrund. Mein Leben hat sich innerhalb kürzester Zeit total verändert. Ich befinde mich nicht länger im gesicherten Hafen, sondern auf hoher See, Stürmen und Wellen ausgesetzt.

Immer wieder frage ich mich: Was läuft da ab? Was geschieht da augenblicklich mit mir und in mir? Ich weiß nicht, was geschieht. Ich spüre nur, dass etwas geschieht. Etwas, das sehr schmerzvoll ist. Ich kaum mehr aushalten kann. Mich fast verrückt macht. Es geschieht etwas im Verborgenen. In mir. Das ist ja das Schlimme. Es ist vor mir verborgen. Ich kann es nicht sehen, nicht überblicken. Etwas Wirres, Krankhaftes, Nebulöses, Geheimnisvolles. Oder von allem etwas? Werde ich da jemals wieder herauskommen? Das ist doch kein Leben! So kann, so will ich nicht weiterleben. Da ist nur noch Leere, ein Abgrund, Verzweiflung. Jetzt erst weiß ich wirklich, was das heißt, verzweifelt zu sein. Es erschüttert die ganze Existenz. An der Stelle, an der es um Leben und Tod geht.

Leere, Ernüchterung
Mein Leben schwindet dahin
Kraftlos
Tod
?

Nichts funktioniert mehr wie bisher. Ich bin nicht länger in der Lage, etwas zielstrebig anzugehen. Das feststellen zu müssen ist für mich furchtbar. Ich versuche, einen klaren Gedanken zu fassen, einen Satz zu schreiben, und merke, ich bekomme das nicht mehr hin. Panik befällt mich. Wird das jetzt immer so sein? Alles in mir lehnt sich dagegen auf. Ich will es nicht wahrhaben, zwinge mich, weiterzumachen, durchzuhalten. Appelliere wohl mehr aus alter Gewohnheit heraus und angesichts meiner verzweifelten Situation, wo ich keinen Ausweg mehr sehe, auch an Gott, obwohl er mir im Moment so ferne ist.

Ich kann nicht mehr atmen.
Ich bin verzagt.
Ich komme mir vor wie gelähmt.
Ich habe Angst.
Ich möchte mich am liebsten verkriechen.

Ich lese in dem Büchlein von Henri Nouwen *Die innere Stimme der Liebe* in der Erwartung, dort Trost zu finden. Darin schreibt er über seine Erfahrungen in der Zeit seiner großen Lebenskrise. Am meisten tröstet mich sein Nachwort, das er einige Jahre nach der Krise verfasst hat. Darin erwähnt er, wie weit weg inzwischen diese aufwühlende Zeit ist und wie wichtig sie im Nachhinein für ihn war. Werde ich das jemals auch so sagen können? Ich kann es mir nicht vorstellen. Ich habe Angst, niemals mehr aus diesem Gefühl von Verlassenheit herauszukommen, für den Rest meines Lebens dazu verurteilt zu sein, keine Lebensfreude mehr zu empfinden. Jeden Tag unter großen Mühen neu beginnen zu müssen, während um mich herum die Menschen sich auf den Urlaub freuen, lachen, singen, einfach Lust haben am Leben. Ich dagegen mir vorkomme wie ein Gemüse, mit dem man nichts anfangen, mit dem auch ich nichts anfangen kann.

Die Dunkle-Nacht-Erfahrung, so habe ich es x-mal gelesen, ist eine heilende Erfahrung, gerade auch weil sie schmerzvoll ist. Schmerzvoll ist auf alle Fälle, was ich im Augenblick erlebe. So schmerzvoll, dass ich es meine gar nicht aushalten zu können. Doch ist es deswegen schon eine Dunkle-Nacht-Erfahrung? Ich weiß nur, dass ich total verzweifelt bin. Mir es auch zunehmend egal ist, was es ist. Es ist einfach scheiße. Ich kann es nicht mehr hören, dass es sich bei dieser Erfahrung um ein Geschenk handelt. Da kann ich nur sagen: „geschenkt“. Auf dieses Geschenk kann ich gerne verzichten. Ich will es nicht. Ja, ich lehne es ab, ich sch… Früher hätte ich geschrien: „Errette mich aus dem Kot, dass ich nicht versinke“ (Ps 69,14). Doch jetzt bin ich zu schwach, versagt mir die Stimme, glaube ich immer mehr zu versinken.

Also schweige ich, höre nach innen, ob sich Gott meldet. Ich etwas von ihm vernehme. Aber er schweigt. Wie ich es vermutet habe. Ich müsste ihn erwecken, aufwecken, zum Leben erwecken. Ihn erfinden. So tun, als wäre er da. Von sich aus wird er sich jedenfalls nicht melden. Ich kann es kaum aushalten. Ich weiß: Wer sich nicht bewegt, ist der stärkere. Willst DU es darauf ankommen lassen? Verdammt noch mal. Warum meldest DU dich nicht, warum schweigst DU vor dich hin? Warum lässt DU mich so zappeln? Ich erhalte keine Antwort. Vielleicht ist das, was ich gerade erfahre, jetzt dran, denke ich. Dass ich im Kot versinken muss, weil mein Leben so nicht mehr weitergehen kann. Ich mir keinen guten Dienst tue, wenn ich die Gefühle von Leere und Verzweiflung, die mich augenblicklich beherrschen, versuche zu überspielen oder möglichst schnell einfach loszuwerden. Aber selbst wenn ich es wollte – und im Tiefsten will ich es –, bin ich ja gar nicht dazu in der Lage.

Woher kommt mir Hilfe?

Im Traum schreie ich um Hilfe. Es ist ein Schrei zu Gott: „O Gott, komm mir zu Hilfe. Herr, eile, mir zu helfen!" Ich schaue um mich. Da ist niemand, der mir helfen kann. Natürlich gibt es Menschen, vor allem meine Frau und meine Familie sowie Freunde, die für mich da sind. Von denen ich weiß, dass sie an mich denken. Die oft eine Kerze für mich in einer Kirche oder bei sich zuhause entzünden. Sie helfen mir sehr. Ja, sie sind meine größte Hilfe und Stütze. Ihr Gebet, ihr Dasein, ihr Einsatz, ihre Ermutigung halten mich am Leben. Sie helfen mir, nicht aufzugeben. Doch sie können mir nicht abnehmen, was nur ich alleine tun kann: auszuhalten, was ist. Zu akzeptieren und zuzulassen, dass ich sonst nichts tun kann. Hilfe erfahre ich auch durch geistliche, psychotherapeutische und ärztliche Begleitung. Die professionelle Hilfe, die psychotherapeutischen Gespräche, die spirituelle Begleitung, die Einnahme von Medikamenten erweisen sich angesichts der heftigen seelischen Erschütterung, die mit der Depression und Dunkle-Nacht-Erfahrung einhergeht, als notwendig und hilfreich. Sie beeinträchtigen nicht die transformierenden, spirituellen Prozesse, die durch die Erfahrung der Dunklen Nacht in Gang gesetzt werden und offensichtlich zum Ziel haben, mich in die Tiefe zu führen. Vielmehr fördern sie diese Prozesse.

Das Traumtagebuch, sonst mein ständiger Begleiter, liegt oft ungenutzt neben meinem Bett. Entweder träume ich nicht mehr so oft wie früher oder erinnere mich am Morgen nicht mehr an meine Träume. Was mir etwas hilft, ist, einfach aufzuschreiben, was mir gerade durch den Kopf und das Herz geht. Manchmal nahezu wild drauflos zuschreiben. Mir alles von der Seele zu schreiben. Das geht so weit, dass mir mein Tagebuch zum Gegenüber wird, dem ich alles anvertraue, was mich bewegt. Es ist nicht nur mein Gegenüber, sondern mein zweites Ich, mit dem ich in ein Selbstgespräch trete. Dabei appelliere ich immer wieder an mich, nicht aufzugeben, die Zeit jetzt einfach durchzustehen. Darauf zu bauen, dass es irgendwann einmal vorbei sein wird. Das auch immer und immer wieder von meiner Frau, Freunden, Fachleuten, die sich in Spiritualität, Psychotherapie und Psychiatrie auskennen, zu hören, tut gut, wenn es bei mir ankommt.

Es kommt aber oft nicht an. Zu sehr bin ich im Kot versunken und unzugänglich für Ermutigungen. Sie dringen dann nicht durch den Schlamm und Kot hindurch, die mich umgeben. Auch scheinen sie den Prozess, der einen eigenen Rhythmus kennt, nicht beeinflussen oder abkürzen zu können. Vom Kopf her weiß ich es, Dunkle-Nacht-Erfahrungen nehmen sich die Zeit, die sie brauchen. Sie lassen sich nicht beeinflussen, lassen sich nicht beschleunigen. Es bleibt mir nichts anderes übrig, als sie auszuhalten und durchzustehen. Trotz aller Verzagtheit. Ob ich es schaffe? Ich weiß es nicht. Ich weiß es wirklich nicht.

Und wo ist G. in dieser Situation? Von ihm ist weit und breit nichts zu sehen. Früher hätte ich fragen können, wo bleibst DU? Vielleicht, aber wirklich nur vielleicht, könnten meine Lippen DU formulieren. Manchmal versuche ich es, versuche ich auch zu beten. Formen sich in mir die Worte aus Psalm 121,1 „Ich hebe meine Augen auf zu den Bergen. Woher kommt mir Hilfe?" Aber ich kann sie nicht aussprechen. Denn da gibt es nichts, niemanden, wohin ich dieses Beten richten könnte und von dem ich sagen könnte: „Meine Hilfe kommt von DIR, der Himmel und Erde gemacht hat" (Ps 121,2). Tue ich es trotzdem aus einem Reflex heraus angesichts meiner aussichtslos erscheinenden Situation, kommt es mir vor, als würde ich mich an jemanden wenden, der gar nicht da ist. Ich muss an das Scherzwort denken: „Metaphysik ist, wenn ein Stockblinder in einem stockdunklen Zimmer einen stockschwarzen Kater sucht, der gar nicht drinnen ist."

Auch früher, vor dieser Krise und vor meiner Entscheidung, nicht so selbstverständlich davon auszugehen, dass es Gott gibt, gab es kein Gegenüber, dem ich ins Gesicht sehen und den ich anfassen konnte. Aber es gab eine Resonanz. Auch konnte ich mit Gertrud von le Fort zu diesem Scherzwort sagen: „Aber der Kater ist eben doch drinnen, weil jedes Diesseits von der Kraft des Jenseits lebt." Wenn ich schrie: „Schweig doch nicht, o Gott, bleib nicht still, o Gott, bleib nicht stumm" (Ps 83,2), oder wenn ich flehte: „Wenn ich rufe, erhöre mich" (Ps 4,1), bekam ich eine Antwort. Gewann ich zumindest den Eindruck: Da gibt es jemanden, der mich kennt, der an mir Anteil nimmt, der mich hört.

Ich falle ins Nichts

Jetzt erlebe ich alles um mich herum als trostlos, kalt, leblos, stumm. Erfahre ich keine Resonanz. Schon gar nicht von G. Ich hatte doch gedacht, ich kann ihn wieder preisen, meinen Heiland und meinen Gott. Und jetzt? Wie gerne würde ich jetzt selbstverständlich davon ausgehen können, dass es ihn gibt. Er da ist. DU da bist. Die Vorstellung, dass es Gott vielleicht tatsächlich nicht gibt, erwischt mich jetzt kalt, erschreckt mich und trifft mich bis ins Mark. Im Rückblick erscheint die Erfahrung seit Tabgha wie ein Gedankenspiel, eine Überlegung, eine Übung, ein Ausprobieren, ob es Gott gibt oder nicht gibt. Dabei handelt es sich um eine todernste Angelegenheit. Geht es doch um Leben und Tod. Mir wird jäh klar: Mit Gott ist nicht zu spaßen. Ich meine, ich kann nicht mit ihm spielen. Gott ist kein lieber Onkel, der sich von mir manipulieren, geschickt in etwas verwickeln lässt. Der naiv ist. „Gott ist nicht brav", heißt ein Buchtitel. Er ist als der, der ich bin: da, allgegenwärtig, zugleich aber auch unerreichbar, unbeeinflussbar, gegen alle Manipulationsversuche gefeit.

Ich bin verzagt. Müde. Wo bist du, Gott? DU bist mir so fern. Ich bin so leer. So geschwächt. Sehe mich nicht in der Lage, in Kontakt mit DIR zu kommen. Gottverdammt. Wo bleibst du nur? Bist DU da? Melde dich doch endlich. Wo bist du, wenn es einem so dreckig geht, wie es mir im Moment geht? DU, den ich ein Leben lang meinen Gott nannte.

> Ich rufe zu Gott, ich schreie,
> ich rufe zu Gott, bis er mich hört.
> Wird der Herr mich denn auf ewig verstoßen
> und mir niemals mehr gnädig sein?
> Ich rufe zu Gott und schreie um Hilfe.
> (Ps 77)

Beschreibungen der Dunklen Nacht, nach denen es dabei darum geht, dass unser Gebetsleben sich verändert, weil uns unsere bisherige Gebetspraxis nicht mehr befriedigt, wir auf Distanz gehen zu kirchlichen Aktivitäten, erscheinen mir als banal, harmlos. Verglichen mit dem, was ich augenblicklich erlebe, ist das eine Spazierfahrt. Was ich erlebe, ist, um es mit der Metapher einer Seefahrt zu beschreiben, einer Höllenfahrt vergleichbar, bei der ich nicht weiß, wie sie ausgeht. Der Schiffsmast bricht, das Deck wird überflutet, alles, was nicht niet- und nagelfest ist, wird weggefegt. Es knirscht und knackt, das Schiff gerät in eine gefährliche Schieflage und ich muss jeden Augenblick damit rechnen: Das war's jetzt.

Vor meiner Krankheit war das irgendwie noch so eine halbherzige Angelegenheit. Da gab es im Hintergrund noch eine Art Absicherung oder ein Seil, mit dem ich mich auch wieder sehr schnell in die alte Vorstellungswelt zurückziehen konnte. Wenn ich zu nahe an den Abgrund kam, mich die Vorstellung, dass es Gott nicht gibt, zu sehr aus dem Gleichgewicht bringen würde. Ich konnte, wollte Gott nicht loslassen. Auch war ich zu feige, wirklich ins Nichts zu springen.

Da gab es einen Spielraum für mich. Zumindest potenziell. Wie ich das auch in der Vergangenheit bei verschiedenen Situationen in meinem Leben erlebt hatte, als es darum ging, zu entscheiden. Auch, ob ich mich für den leichteren oder schwierigeren Weg entscheide. Nikos Kazantzakis schreibt in einem seiner Romane: Jeder Mensch, der es wert ist, Menschensohn genannt zu werden, muss sein Kreuz tragen und sein Golgatha besteigen. Viele, ja die meisten, erreichen aber nur die erste und die zweite Stufe. Sie brechen heulend mitten auf der Strecke zusammen und gelangen nicht zu dem Gipfel ihrer Pflicht, das aber heißt, gekreuzigt zu werden, aufzuerstehen und ihre Seele zu retten. Voll von Furcht vor der Kreuzigung wird ihr Herz schwach; sie wissen nicht, dass das Kreuz lediglich der Pfad zur Auferstehung ist.

In solchen Lebenssituationen bin ich manchmal nach anfänglichem Zaudern schließlich diesen Weg gegangen. Versuchte es wenigstens. Auch weil mir nichts anderes übrigblieb, wollte ich auferstehen. Das sind schöne Worte. In dem Moment, in dem ich mich aber in dieser Situation befinde, ist es einfach nur mühevoll und schrecklich. Die Aussicht, am Ende wieder aufstehen, auferstehen zu können, ist nur ein schwacher Trost, kann aber auch helfen, durchzuhalten.

Jetzt falle ich ins Nichts. Befinde ich mich im freien Fall. Haltlos. Da gibt es keine größere Macht, die um mich weiß, keinen Gott, in dessen Arme ich fallen kann, der mich auffängt und mich tröstet. Ich falle ins Bodenlose. In einen Abgrund. Ich liege am Boden. Ich bin hilflos, verzagt, total verzweifelt, nur noch ein Häufchen Elend. Ich kann den Fall in den Abgrund nicht mehr verhindern. Blankes Entsetzen macht sich in mir breit. So muss das gewesen sein, als die Menschen beim Absturz einer German Wings gemerkt haben: Jetzt geht es unausweichlich in den Abgrund. So ergeht es mir. Ich werde jeden Augenblick sterben. Ich sterbe jetzt.

Es gelingt mir nicht länger, wie das früher der Fall war, diesen Absturz als ein Zugrundegehen hin zu meinem eigentlichen Grund zu sehen. Oder mir einzureden, ich sterbe, um zu leben. Ich will und kann es auch nicht. Vor allem aber funktioniert es nicht mehr, sollte es je funktioniert haben. Mag ich noch so sehr versuchen, es mir schönzureden. Die Bodenlosigkeit, der Abgrund, denen ich entgegenjage, verlieren nichts von ihrer Brutalität. Und Gott? Da ist kein Halt. Da ist nichts von alledem, was ich mir über ihn ausgedacht, mir zurechtgezimmert habe. Da ist nur noch Angst, Entsetzen, Tod. Ende.

Es geht um nicht mehr und nicht weniger als um den Ego-Tod

In seinem Tagebuch *Nachts bricht der Tag an* (1989,267) zitiert Henri Nouwen Iris Murdoch, um seine Erfahrungen während seiner tiefen Krise zu beschreiben. Was sie schreibt, fasst in wenigen Worten zusammen, was in der Erfahrung der Dunklen Nacht geschieht und was ich auch über meine Erfahrungen sagen kann:

> Es ist der allergrößte Schmerz und das allergrößte Paradox, dass an einem bestimmten Punkt ... das Ich zerbrechen muss ... Dann bleiben nur noch Dunkel, Schweigen und Leere. Und Gott ist da ... Wo die Bilder aufhören, stürzt man in den Abgrund; aber das ist der Abgrund des Glaubens.

Es braucht Zeit, bis ich verstehe, was das, was ich erfahren habe und erfahre, bedeutet. Zunächst liege ich wie erschlagen am Boden, kann nicht aufstehen, will auch nicht aufstehen, weil mich die Lebensgeister verlassen haben. Ich bin total erschüttert, durchgeschüttelt worden. So sehr, dass durch diese Erschütterung etwas in mir dabei ist einzustürzen. Was gerade geschieht, erinnert mich an Erfahrungen von vor über 15 Jahren, die ich auch als eine Dunkle-Nacht-Erfahrung erlebt habe. Es war eine Zeit, in der vieles von dem, was ich bisher in meinem Leben als grundlegend erlebt hatte, zugrunde ging, weil es sich als Illusion erwiesen hatte. Rückblickend gesehen, war es eine furchtbare, letztlich aber auch heilsame Zeit gewesen.

Auch jetzt geht manches von dem zugrunde, was zunächst mein äußeres Leben betrifft. Bedingt durch meine Krankheit, kann ich nicht mehr den Dingen nachgehen, die mich bisher interessiert, manchmal auch in Beschlag genommen haben, wie Gespräche führen, Bücher schreiben, Vorträge halten. Ich kann hadern angesichts dieser Situation. Was ich zwischendurch auch tue. Doch ich muss akzeptieren, dass ich die äußere Situation nicht ändern kann: das Augenleiden, die Operation am offenen Herzen, die Depressionen und Dunkle-Nacht-Erfahrungen.

Das ist meine Situation. Die ich akzeptieren muss. Ich befinde mich nicht länger im gewohnten, gesicherten Hafen, wie ich es bisher in meinem Leben gewohnt war, sondern auf hoher See, den Stürmen und Wellen ausgesetzt. Ich versuche, so gut es mir möglich ist, die Situation zu meistern. Aber ich stoße dabei deutlich an meine Grenzen. Auch weil ich spüre, dass in dieser Situation in meinem Leben meine eigene, mir bewusste Kraft nicht ausreicht. Ich hier auch auf die Kräfte angewiesen bin, die mir aus meinem Selbst erwachsen. Also treffe ich die Entscheidung, Verantwortung für mich an diesem Punkt in meinem Leben zu übernehmen, indem ich mich meinem Selbst, dem größeren Ich und schließlich dem Schicksal, G., überlasse.

Ich hatte das ja schon einmal im Vorfeld meiner Erkrankung getan, als ich merkte, es muss ein Stabwechsel in meinem Leben stattfinden: vom Ego zum Selbst. Vom bewussten Ich, der Person, die im Leben agiert, die Dinge regelt, hin zu meiner inneren „Person", die mir zum Teil unbewusst ist, die aber über den weitaus größeren Überblick verfügt und von Kräften gesteuert wird, die nicht nur von mir abhängen. Damals erfolgte der Stabwechsel mehr oder weniger geordnet, konnte ich ihn bewusst unterstützen und mitgestalten. Jetzt aber wurde mir der Stab regelrecht aus den Händen gerissen.

Offensichtlich war die Ablösung noch nicht radikal genug gewesen. Hat mein Ego es verstanden, sich weiterhin zu behaupten. Sich durchzulavieren. Jetzt hatte es keine Chancen mehr. Hat es keine Chancen mehr. Da ist ein letzter Versuch, sich dagegen aufzulehnen, spürt es doch, dass hier gerade eine, wie es zunächst vielleicht scheinen mag, feindliche Übernahme stattfindet. Mein Selbst ihm zu Leibe rückt. Mein Selbst mein Ego verdrängt. Es unumkehrbar dabei ist, mein Ego abzulösen. Ja, es zum Sterben verurteilt ist. Genau das aber ist ja tatsächlich auch der Fall.

Es geht um nicht mehr und nicht weniger als um den Ego-Tod, bei dem ich mich verabschieden oder auch befreien muss von Idealen, Vorstellungen, Verhaltensweisen, die mir bisher wichtig waren und die mein Leben bestimmt haben. Manche meiner Verhaltensweisen hatten auch ihre Berechtigung. Andere wieder standen zu sehr im Dienst, mich herauszustellen, mich gut dastehen zu lassen, und das auch auf Kosten anderer. Jetzt ist ein Stopp-Zeichen aufgetreten. So geht es nicht weiter, mein Freund! Ich musste dazu auf die Nase fallen, um das endlich zu kapieren. Die Botschaft ist angekommen. Doch Ego-Tod, das ist zunächst ein großes Wort und zunächst nicht mehr als ein Wort. Was passiert da? Wie soll das gehen?

Ich sterbe, um zu leben.
In mir stirbt der alte Mensch,
der sterben muss,
damit ich weiterleben kann.

Ich ringe innerlich mit mir. Ich will so gerne glauben, dass es sich bei dem, was ich augenblicklich erlebe, um einen Verwandlungs- und Läuterungsprozess handelt mit dem Ziel, dass ich wesentlicher werde. Das verbinde ich mit Ego-Tod oder zumindest auch. Wesentlicher, also grundsätzlicher werden. Mehr das leben, was zur Essenz meines Lebens gehört, seinen

Kern ausmacht. Vielleicht auch, mehr zu dem vorzudringen, was mir wesentlich ist. Was überdauert, wenigstens nicht nur für den Moment gilt. Oder auch was über den Tag hinaus Bestand hat. Was mich grundsätzlich angeht.

Ich treffe die vielleicht wichtigste Entscheidung meines Lebens. Ich lasse alles los. Jetzt schon. Wo ich doch noch fast alles habe. Ich halte an nichts mehr fest. Auch an keinen Personen. Was nichts wegnimmt von meiner Liebe zu meiner Frau, meinen Kindern und Freunden und Freundinnen. Vor allem aber halte ich mich nicht länger am Leben fest. An Erinnerungen, an Erwartungen. Das fällt mir verdammt schwer.

Ich überlasse mich dem Prozess der Metamorphose. Dem Selbst, meinem größeren Ich, Gott. Ich überlasse mich einfach dem Fluss des Prozesses.

Ich bin bereit.
Ich lasse los.
Ich blicke DIR freudig entgegen.
Mache DU mit mir,
was DU willst.
Ich komme DIR entgegen.

Das Licht des Tages wird abgelöst von der Dunkelheit der Nacht

Dieser Gang, dieser Fall, dieser Tod können mir nicht erspart werden, will ich in meinem Leben nicht länger an der Oberfläche „hängenbleiben". Sie verhelfen mir zu einer anderen Betrachtungsweise, das Leben, mein Leben zu sehen. Es tiefer zu sehen. Dazu muss ich in meine Unterwelt gelangen, in der Dunkelheit herrscht. Meine Augen müssen verbunden werden, um meine gängige Wahrnehmung, die eher am äußeren Geschehen hängenbleibt, zu unterlaufen. Solange sie bestimmend ist, mache ich mir etwas vor, lasse ich mich täuschen. Mit verbundenen Augen werde ich nicht länger abgelenkt von dem anscheinend Offensichtlichen, das in Wirklichkeit aber den Blick auf das Eigentliche verstellt.

Das Licht des Tages wird abgelöst von der Dunkelheit der Nacht. Die wird jetzt, so paradox das klingt und auch ist, zu meiner Führerin. Die Dunkelheit soll mich dahin führen, wohin zu gehen ich selber nicht in der Lage bin oder mich nicht wage hinzugehen. Ich habe nichts mehr zu melden. Es ist wie Luft, die entweicht, wenn man versucht, sie in die Hand zu nehmen. Mir bleibt nichts anderes übrig, als mich meiner Führerin Dunkelheit zu überlassen.

Loslassen
Mich
Lassen
Mich dem Fluss meines Lebens überlassen
Mich einfach davon mitnehmen lassen

Mein Ego liegt in den letzten Zügen, versucht sich zwischendurch gegen seine Entthronung aufzubäumen, steht aber kurz vor dem Aufgeben. Ich verabschiede mich von dem, was war, nicht mehr ist und nicht mehr sein wird. Es tut weh. Natürlich. Aber es macht mich frei für das, was kommt. Das ich auf mich zukommen lasse. Ich überlasse meinem Selbst das Feld. Trete ihm die Macht ab. Ich bin bereit, mich, mein Ego, aufzulösen. Ohne mich an etwas, an jemandem festzuhalten. Ohne zurück oder nach vorne zu schauen. Ich traue dem, was leben will.

Ich überlasse mich dem Prozess der Metamorphose. Sie verläuft nicht einfach nur stetig und gleichförmig. Vielmehr komme ich mir als einer vor, der gerade so richtig hergenommen und total durchgeschüttelt wird. Die Übernahme durch das Selbst geht offensichtlich nicht ohne größere Einschnitte, bei denen ich verletzt und verwundet werde, vonstatten. Eingriffe, die wohl auch nötig sind, damit mir die Augen geöffnet werden. Ich tiefer sehen kann. Gleich einer Nachteule sehen kann, was in der Dunkelheit, der Nacht geschieht. Was ich in meinem dunklen Schatten abgestellt habe.

Ich sehe, was ich bisher nicht gesehen habe, auch weil ich es nicht sehen wollte

Was ich jetzt sehe, verschlägt mir die Sprache. Es ist furchtbar und kaum auszuhalten. Es ist unfassbar. Ich sehe, was ich vorher nicht gesehen habe, aber auch nicht sehen wollte. Die Schutzhüllen, Vorrichtungen und Vorbauten, die ich mühevoll konstruiert hatte, um mich dahinter zu verstecken, mir die Dinge so zurechtzulegen und zurechtzubiegen, dass ich damit gut leben konnte, sind einfach weg. Alles, was ich mir vorher so schön eingewickelt und zurechtgelegt habe, liegt jetzt wie ausgepackt vor mir: blank. So muss es sein, durchfährt es mich, wenn wir eines Tages, sollte es G. geben, vor ihn treten müssen: blank, nackt. Ohne das ganze Gerüst und Drumherum, das wir uns im Laufe unseres Lebens zusammengezimmert haben, damit man nicht sieht, wie wir wirklich sind. Man nicht sieht, wo wir andere manipuliert, wie oft wir getrickst haben, letztlich nur an unserem Vorteil interessiert waren.

Da denke ich, ein halbwegs guter Mensch zu sein, um jetzt, wo die scheinheilige Maske gefallen ist, einem Menschen ins Gesicht zu schauen, in dem ich diesen halbwegs guten Menschen kaum mehr entdecken kann. Ich treffe auf den Schattenmenschen, den ich bisher gut versteckt in einem dunklen Sack hinter mit hergezogen habe, in den ich alles hineingestopft habe, was an mir nicht ansehnlich ist. Die ungeschminkte Wahrheit, die vor meinem Ideal, wie ich sein sollte, nicht bestehen konnte und von der ich nicht wollte, dass sie die anderen sehen. Ihr schaue ich jetzt voll ins Gesicht.

Ich bin einfach nur noch baff vor Erstaunen und Entsetzen. Ich werde mit meiner Armseligkeit konfrontiert. Mir wird ganz heiß, denn was ich sehe, erfüllt mich mit Scham und Entsetzen. Mir wird wie in einem Film vorgeführt, wie armselig ich mich oft verhalten habe. Es ist kaum auszuhalten. Jetzt ist der Sack geplatzt, und es liegt offen herum, was ich verstecken und verdecken wollte. Zunächst einmal vor allem vor mir selbst. Dem ausgesetzt zu sein ist fürwahr die Hölle. Es ist eine Situation, vor der ich am liebsten davonlaufen möchte. Aber wohin? Wohin auch mit meinem Bedauern? Dem unsäglichen Schmerz darüber, mir so sehr in die Tasche gelogen zu haben. Eine Stimme in mir sagt: Das Einzige, was du jetzt tun kannst, ist: umzukehren, wenn dir die Chance dazu gegeben wird. Nichts wünsche ich mir sehnlicher als das. Nochmals eine Chance zu haben, es anders zu machen, gutzumachen, was noch gutzumachen ist. Zugleich glaube ich aber in dem Schmerz über mein Versagen zu versinken, die Scham darüber nicht aushalten zu können. Auch kann ich mir nicht vorstellen, jemals wieder unter die Menschen zu treten, denen gegenüber ich mich so falsch verhalten habe.

Wie einer, vor dem man das Gesicht verhüllt

Als müsste man mir ansehen, wie ich wirklich bin. Unansehnlich. Ich komme mir vor, wie ich es von der Beschreibung in einem der Gottesknechtslieder her kenne. Was da über den Gottesknecht geschrieben wird, gibt wieder, wie ich mich sehe und innerlich erlebe (vgl. Jes 53,2–4):

Er hat keine schöne und edle Gestalt, sodass wir ihn anschauen mochten. Er sieht nicht so aus, dass wir Gefallen finden an ihm. Er wird verachtet und von den Menschen gemieden, ein Mann voller Schmerzen, mit Krankheit vertraut. Wie einer, vor dem man das Gesicht verhüllt, ist er verachtet; wir schätzen ihn nicht. Wir meinen, er sei von Gott geschlagen, von ihm getroffen und gebeugt.

So ergeht es mir. Ich komme mir vor wie einer, vor dem man das Gesicht verhüllt. Das aber ist fast unerträglich für mich. Ich traue mich kaum mehr unter die Menschen zu gehen. Glaube für alle eine Zumutung zu sein. Kann es manchmal gar nicht annehmen, wenn andere auf mich zukommen, an mir interessiert sind. Auf der anderen Seite bin ich sehr empfindlich, wenn ich den Eindruck habe, andere ziehen sich von mir zurück oder lassen mich fallen: der Arzt, der anscheinend die Geduld mit mir verloren hat. Der schaut, möglichst schnell das Gespräch mit mir hinter sich zu bringen. Die Freunde, die nach dem Gottesdienst nicht auf mich warten, um mich zu begrüßen. Ja, warum sollten sie auch auf mich, einen Trauerkloß, warten? Jemanden, der vorher der Freund war, auf den man stolz war, in dessen Glanz man sich selbst sonnte, jetzt aber nur noch eine jämmerliche Gestalt ist. Was ich bei anderen vermute, ihnen vielleicht auch unterstelle, übernehme ich auch als Beurteilung für mich. Ich finde mich unattraktiv, verachtenswert, abstoßend. Ich kann es kaum aushalten mit mir. Bin verzweifelt darüber, wie es so weit kommen konnte. Raufe mir die Haare. Hadere mit mir und Gott.

In dem erwähnten Gottesknechtslied heißt es weiter: „Doch der Herr hat Gefallen an dem von Krankheit Zermalmten" (Jes 53,10). Ich stutze, halte inne. Lasse die Worte auf mich wirken. Etwas in mir wehrt sich dagegen. Ärger kommt auf. Darauf kann ich verzichten, denke ich. Hol mich lieber heraus aus dieser Scheiße! „Errette mich aus dem Kot, dass ich nicht versinke" (Ps 69,14). In diesem Kot, in dieser Scheiße.

Dann fallen mir auch wieder die Worte ein, die ich schon hundert Mal anderen gepredigt habe: „Was nicht angenommen ist, kann nicht geheilt werden!" Ja aber, verdammt noch mal, was soll, muss ich denn annehmen? Dass es mir so dreckig geht? Ich mich wie der letzte A… fühle? Ich total am Boden zerstört bin? Ich mir wie ein Gefangener vorkomme, der aus seinem Gefängnis nicht herauskommt, der dieser trostlosen Situation ohnmächtig ausgeliefert ist?

Ich glaube, ich werde verrückt. Ich halte das nicht länger aus. „Doch der Herr hat Gefallen an dem von Krankheit Zermalmten", höre ich eine Stimme in mir flüstern. Ich werde ruhiger. Gebe mit der Zeit diesen Worten eine Chance, auf mich zu wirken. Gestehe mir ein: Sie haben nichts Aufdringliches an sich. Sie lassen mir Zeit. Sie kommen von weit her. Es bleiben immer die gleichen Worte. Sie nehmen nichts zurück, verändern sich nicht. Sie lassen aber auch keinen Zweifel aufkommen: „Doch der Herr hat Gefallen an dem von Krankheit Zermalmten." Sie kommen immer näher, kommen mir näher, dringen immer mehr in mich ein. Je näher sie mir kommen, desto persönlicher, inniger werden sie. „Doch DU hast Gefallen an dem von Krankheit Zermalmten." Du! Und schließlich: „Doch ICH habe Gefallen an dir, dem von Krankheit Zermalmtem."

Jetzt beginnen sie, mich zu berühren. Sind sie nicht länger nur so dahingesagt. Finden sie Einlass bei mir. Lasse ich sie bei mir einkehren. Ganz vorsichtig, zaghaft, bereit, jeden Augenblick auch wieder die Tür zu schließen. Doch dann brechen sie sich ungehindert Bahn. Strömen ein in mich. Sie überwinden die „Tränengrenze", reißen sie nieder, so dass endlich meine Tränen fließen und mich „bis auf die Netzhaut" durchnässen können (vgl. Domin 1987).

Aus dem Abgrund wird der Abgrundtiefe

Habe ich da eben nicht etwas gehört? Ein Flüstern. Ich lausche aufmerksam und vernehme eine Stimme, die mir zuflüstert: „Ich kann warten." In mir regt sich etwas. Die Worte Bodenlosigkeit und Abgrund fangen an, sich zu verändern, zu verwandeln. Aus Bodenlosigkeit wird der Bodenlose. Der Abgrund wird zum Abgrundtiefen. Aus der Bodenlosigkeit, dem Abgrund tritt mir DER Bodenlose, DER Abgrundtiefe entgegen. Ich kann es fast nicht glauben. Selten war Gott, warst DU, mir so nahe wie jetzt. Selten habe ich DICH so sehr als einen Teil von mir erfahren wie in diesem Augenblick. Selten war ich dem Leben so nahe wie jetzt, wo ich mich dem Tod so nahe fühle.

> DU
> bist mir
> noch nie
> so nahe
> in meinem Leben gewesen
> wie jetzt

„Ich darf ihn wieder preisen, meinen Gott" (Ps 42,23), singt meine Seele, die so lange betrübt war. In mir tobte. „Harre auf Gott, ich darf ihn wieder preisen, meinen Heiland und meinen Gott." Ja, ich darf ihn wieder preisen. Die Sperre ist beseitigt.

Der Stein ist auf die Seite gewälzt. „Ich darf ihn wieder preisen, meinen Heiland und meinen Gott." Immer und immer wieder ertönt die gesungene Version dieses Psalms, den ich vom Mittagsgebet in der Abteikirche von Münsterschwarzach her kenne, in mir. In der Osterzeit wird dieser Vers mit einer besonderen Inbrunst gesungen. Das tue ich jetzt auch. Die Worte und die Innigkeit, mit der ich sie singe, bringen das Innerste in mir zum Schwingen. Das erinnert mich an einen Vers im Hohelied, wo es heißt: „Meine Eingeweide lärmen hin zu dir."

Ich bin glücklich, selig. Zutiefst berührt. So kann und will ich leben und sterben: „Harre auf Gott. Ich darf ihn wieder preisen, meinen Heiland und meinen Gott." Jetzt kann und will ich mich nicht länger zurückhalten. Mich nicht länger zurückhalten lassen durch innere und äußere Stimmen und Zweifel, DICH, meinen Gott, meinen Schöpfer, aus ganzem Herzen zu preisen. Von niemandem und nichts will ich mich zukünftig in meinem Drang bremsen lassen, mich DIR, meinem Gott, hinzugeben. Mit allem, was mich ausmacht. Dich durch mein Leben zu preisen. Alles, was in mir ist, hinströmen zu lassen zu DIR, meinem Gott.

Dankbarkeit durchströmt mich. Tränen der Dankbarkeit durchströmen mich. „So wird mir nichts mehr fehlen und ich werde Geborgenheit finden in DIR" (Pierre Stutz). Noch kann ich es nicht glauben. Kann es wirklich sein, dass diese schlimmste Zeit meines Lebens zu einem Durchbruch geführt hat, hinein in meine Tiefe? Gar einem mystischen Durchbruch!? Musste ich durch den Nebel gehen, der alles um mich herum einnebelte, um zum Leben, zum wahren Leben, zum ganzen Leben zu gelangen? Dem Leben, das aus dem Nebel auftaucht, wenn man Nebel von rückwärts liest. Aber auch dem Nebel, der an die Wolke des Geheimnisvollen erinnert, in die ich eintauchen muss, um DEM Geheimnisvollen zu begegnen.

Wobei das fast banal klingt, wenn ich an die Agonie, den qualvollen, ausweglosen Zustand denke, der mich ergriffen hatte. Dass das alles notwendig war, ich das alles durchleiden musste, ich so nahe an den Tod herangeführt wurde, um, ja, um was? Um geläutert zu werden, aufzuerstehen? Diese ganzen Geschichten von „jeder muss seinen Golgatha besteigen und dort ans Kreuz geschlagen werden, bevor er auferstehen kann", brutal ernst gemeint sind? Ja, sie sind es. O ja! Alles Floskelhafte solcher Aussagen löst sich in Staub auf, wenn es zum Fleisch wird, ins eigene Fleisch dringt. Es der eigene Leib ist, der da aufgerissen wird. Da gibt es nichts mehr, das man schönreden kann, glorifizieren kann. Ich muss an den Jesusfilm von Martin Scorsese *Die letzte Versuchung Christi* denken und die Kreuzesszene, die auf jede Zurückhaltung verzichtet und die grausame Wirklichkeit der Kreuzigung dem Zuschauer zumutet. Ist allein das kaum auszuhalten, und wie viel mehr verlangt es von einem, das alles am eigenen Leib und in der eigenen Seele zu erleben und zu erleiden!

Jetzt kann ich auch verstehen, was mir mein Freund Pierre Stutz in dieser Zeit totaler Verzweiflung und Ausweglosigkeit schrieb:

Ich kann sehr mitfühlen, dass diese 25 Jahre im Recollectio-Haus an dir gezehrt haben, und ich wünsche dir Geduld und Wohlwollen mit dir selbst, dass du sehr viel Zeit zum Regenerieren brauchst. Du kennst es aus deinen Büchern: Die Seele hat eine ganz andere Zeitdimension und holt sich diese Heilungszeit manchmal auch erst nach ein, zwei Jahren. Dies anzunehmen ist sehr schwer, weil wir meinen könnten, dass das doch schon genug Erholung war.

Genau dieses unbegreifliche Paradox verinnerliche ich seit 27 Jahren im Meditieren mystischer Texte, die mich in die Gottesgegenwart hineinführen, die immer auch Gottesabwesenheit beinhaltet. Wie leicht schreibt sich so etwas, obwohl ich sehr mit dir mitfühlen kann, wie viele Ängste es auslösen kann. Als ich deine gestrigen Worte „von der Bodenlosigkeit" las – mir vertraute Worte –, kamen mir spontan diese paradoxen Worte: könnte es nicht sein, dass du genau darin dem Geheimnis von Kreuz, Hinabsteigen in das eigene Sterben und Auferstehen sehr nahe bist: Gott schreit in dir, stirbt in dir, um noch liebevoller in dir aufstehen zu können? Könnte es sein, dass du durch diesen schmerzvollen Gang ... christusförmiger wirst, hineingeholt in ein Schreien in der Gottesferne? in ein Dich-Überlassen, in einem leisen Erahnen einem neuen Morgen entgegengehen zu können. Manchmal kann ich mich in solchen Momenten halten an den Worten von Meister Eckhart: sogar Gott um Gottes willen lassen, damit er mir bleibe. Es sind meine stammelnden Versuche, dir durch meine spontanen Worte mein tiefes Mitgefühl auszudrücken – herzlichst verbunden Pierre

Und dann lese ich Sätze wie: Bei der Dunklen Nacht handelt es sich um eine Liebesaffäre zwischen Gott und dem Menschen mit dem Ziel, uns noch liebesfähiger zu machen.

Ich will dich rühmen, DU, meine Stärke,
DU, du mein Fels und meine Burg und Retter;
mein Gott, meine Feste, in der ich mich berge,
mein Schild und sicheres Heil, meine Zuflucht.
Ich rufe: Du bist gepriesen!
und ich werde vor meinen Feinden gerettet.

Mich umfingen die Fesseln des Todes,
mich erschreckten die Fluten des Verderbens.
Die Bande der Unterwelt umstrickten mich,
über mich fielen die Schlingen des Todes.
In meiner Not rief ich zu DIR
und schrie zu meinem Gott.
Aus seinem Heiligtum mein Rufen,
mein Hilfeschrei drang an sein Ohr.
Er griff aus der Höhe herab und fasste mich,
zog mich heraus aus gewaltigen Wassern.
Er entriss mich meinen mächtigen Feinden,
die stärker waren als ich und mich hassten.
Sie überfielen mich am Tag meines Unheils,
doch DU wurdest mein Halt.
Er führte mich hinaus ins Weite,
er befreite mich, denn er hatte an mir Gefallen.
(Ps 18,2b–7.17–20)

Ich kann sehr wohl tiefer fallen als in die Hand Gottes

Sollte sie einmal heiliggesprochen werden, dann als Heilige der Dunkelheit, meinte Mutter Theresa angesichts ihrer Dunkle-Nacht-Erfahrungen. Na ja, immerhin schließt sie ja nicht aus, heiliggesprochen zu werden. Die Bezeichnung „Heilige der Dunkelheit" gefällt mir. Sie trägt bei mir zur Versöhnung mit dem und einem besseren Verstehen von dem bei, was ich hinter mir habe. Weist auf eine wohl letztlich unverzichtbare Dimension von Glauben hin: den Gang durch die Dunkelheit, die Agonie angesichts des befürchteten Todes, die an die Todesangst Jesu in der Nacht vor seinem Tode erinnert. Dass zum Glauben schöne, helle, zutiefst beglückende Momente zählen. Zum Glauben aber auch schreckliche, enttäuschende Erfahrungen gehören. Zeiten, in denen wir uns total alleingelassen vorkommen, in denen von Gott weit und breit nichts zu sehen und zu spüren ist. Dunkelheit, Leere, Verzweiflung unser Los sind. Wir die Ebene erreichen, auf der es um nicht weniger als meine Existenz, mein Leben, um Leben und Tod geht. Und das nicht philosophisch und theologisch oder sonst wie. Sondern brutal konkret. Einfach nur Dunkelheit. Pure Verzweiflung. Todesangst. Allein der Gedanke an diese Zeit treibt kalten Todesschweiß auf meine Stirn. Da ist nur noch Angst, in die Tiefe zu stürzen und in der Bodenlosigkeit zu versinken.

Wie schal klingt in diesem Moment die Zusicherung: „Du kannst nicht tiefer fallen als in die Hand Gottes." So oft habe ich diesen Satz, von dem Trost ausgeht, gehört. Wie gerne will ich auch glauben, dass es sich so verhält. Ich falle aber tiefer. Da ist keine Hand Gottes, die mich auffängt. Ich versinke in der Bodenlosigkeit. Hat also Irvin D. Yalom doch Recht, wenn er sagt, dass es keinen Gott gibt, der uns auffängt?

Jetzt, erst jetzt inmitten der Erfahrung von Bodenlosigkeit, wo ich nicht mehr ein noch aus weiß, habe ich den Punkt erreicht, an dem ich mich für oder gegen Gott entscheiden kann. Es sich nicht länger um ein philosophisches oder theologisches Gedankenspiel handelt. Es vielmehr um alles oder nichts geht, bei dem ich alles auf eine Karte setze. Ich eine Entscheidung treffe, die in meinem Innersten geboren wird und die ich ohne Wenn und Aber umsetze.

Ich lasse mich fallen.
In DEINE Hände.
Gebe mich DIR preis.
Mit Haut und Haaren.
Im Vertrauen darauf,
Dass DU mich
nicht fallen lässt,
sondern auffängst.
Mache DU mit mir,
Was DU mit mir
machen willst.

Jetzt kann ich endlich wieder anfangen zu leben. Ganz zu leben. Genau das aber will ich jetzt tun: grenzenlos leben. Alle Grenzen hinter mir lassen. Alle falschen Rücksichten verabschieden, die mich bisher daran gehindert haben, ganz zu leben, wirklich zu leben.

Am Ende meiner Reise angekommen

Ich bin am Ende meiner Reise angekommen. Einer Reise, die am See Genezareth begonnen hatte. Es scheint seitdem eine Ewigkeit vergangen zu sein. Ich sehe mich, wie ich vor meiner Hütte am See Genezareth sitze und mich frage, ob es Gott gibt. Ich entscheide mich, endlich einmal die Zweifel zuzulassen, dass es Gott, den ich ab diesem Zeitpunkt G. nenne, vielleicht doch nicht gibt. Es zumindest einmal zu versuchen, das auszuhalten. Nicht so selbstverständlich, wie ich es bisher getan habe, von seiner Existenz auszugehen. Dann warte ich. Warte darauf, dass etwas passiert. Dass ich eine Resonanz darauf erhalte. O, du Tor! Was hast du denn erwartet? Dass dir Jesus begegnet, wo du ihm doch schon bis nach Galiläa entgegengekommen bist? Gott dir in einem Traum erscheint? Nichts von alledem ist geschehen.

Und dennoch ist unendlich viel geschehen auf dieser Reise, die zwischendurch zur reinsten Höllenfahrt geworden war. Ich hätte nie gedacht, dass meiner Entscheidung, damals am See Genezareth getroffen, so viele mich bewegende Ereignisse folgen würden. Bis dahin, dass ich zwischendurch dachte, das große Finale angetreten zu haben, und versuchte, mich darauf einzustellen und vorzubereiten. Am Ende hat sich gezeigt, dass die Zeit dafür offensichtlich noch nicht gekommen ist. Ich vielmehr die Erfahrung machen durfte und machen darf, dass das Finale meiner Reise sich als Übergang in ein neues Leben erwiesen hat.

Es fiel mir zunächst schwer, meine damalige Entscheidung konsequent durchzuhalten und auszuhalten. So selbstverständlich war Gott, seine Existenz, seine Anwesenheit bisher für mich gewesen. Immer wieder fiel ich in mein altes Muster zurück. Brach sich mein Verlangen, meine Sehnsucht Bahn, in Kontakt mit Gott zu treten. Mal gelang es mir mehr, dann wieder kaum oder nicht. Je mehr es mir aber gelang, desto mehr getraute ich mir, Gedanken und Überzeugungen zuzulassen, die ich bisher zurückgehalten hatte. Die Gottesabstinenz machte es mir möglich, noch einmal klarer und kritischer mein Verhältnis zur Kirche, meine Vorstellung von Kirche unter die Lupe zu nehmen. Auch mein Verhältnis zu Jesus und wie ich über ihn und seine Bedeutung in Bezug auf Gott denke, rückten mehr, als je zuvor in meinem Leben geschehen, in den Mittelpunkt meiner Überlegungen. Ich war, so mein Eindruck, auf einem guten Weg und dabei, eine Lösung zu finden, bei der ich die Zweifel zulassen, zugleich aber auch der inneren Gewissheit, dass es Gott gibt, trauen darf.

In dem Moment, in dem ich dachte, die Reise sei zu Ende, wurde ich mit einem Augenleiden und schließlich einer Bypass-Operation konfrontiert. Der Schock, die Depressionen, die Dunkle-Nacht-Erfahrung, die durch meine Krankheit ausgelöst wurden, führten zu einem Durchbruch in meine Tiefe. Dort wurde ich mit meiner Schattenseite konfrontiert, die ich mir vorher schöngeredet hatte. Alle Schutzvorrichtungen, die mich bisher davor bewahrten, aber auch alle Abwehrmechanismen, die ich eingesetzt hatte, um mich zu rechtfertigen, waren auf eine brutale Weise niedergerissen worden. Unerbittlich wurde mir die Maske vom Gesicht gerissen, hinter der ich meine wahren Absichten, die ungeschminkte Seite von mir versteckt hatte. Dem ausgesetzt zu sein ist die Hölle pur. Diese Konfrontation mit meiner dunklen Seite gehört daher für mich mit zu dem Schlimmsten, was ich je erlebt habe.

Zumindest aber ist es auch Fegfeuer. Ich habe zum ersten Mal in meinem Leben verstanden, was das konkret bedeuten, vor allem aber, wie verdammt schmerzvoll das sein kann. Das Fegfeuer ist ein Purgatorium, an dem die notwendige Reinigung erfolgt, um für den Himmel – drückt man es etwas salopp aus – fit zu werden. Es ist zugleich aber auch Feuer, das läutert. Das etwas so heiß macht, dass es beweglich und damit formbar wird. Das Verwandlungsprozesse ermöglicht. Das Fegefeuer als eine Art spirituelle OP, als seelische Durststrecke, die dazu beitragen sollen, dass ich mich erneut für den Himmel qualifizieren kann. Das ist ja ein faires Angebot.

Der Preis dafür ist allerdings sehr hoch. Es ist furchtbar. Es ist nicht weniger als eine Danteske Reise durch Hölle und Fegfeuer. Wenn aber das Fegfeuer mir schon wie die Hölle vorkommt, wie schrecklich muss dann erst die Hölle sein?

Angesichts solcher Aussichten sollte es mir nicht zu schwer fallen, umzukehren, eine andere Richtung einzuschlagen. Endlich wieder auf die richtige Spur zu kommen. Die Spur, in der ich meine Lebensspur entdecke.

Ja, ich bin mit meinen Schattenseiten konfrontiert worden. In der Sprache der Tiefenpsychologie meint das: Ich habe nicht länger dem Blick auf das, was ich in meinen Schatten abgestellt habe, ausweichen können. Ich bin mit der Nase daraufgestoßen worden. Das war brutal. Und doch: Es war auch der Beginn eines neuen Lebens. Denn was ich da im Schattendasein entdeckte, war zunächst, auf den ersten Blick, unansehnlich. Wie es der Fall ist bei Gegenständen, die man abstellt und die verstauben und verrotten. Doch auf einen zweiten Blick, vor allem aber, wenn man sich die Mühe macht und den Staub beseitigt, kann es passieren, dass man plötzlich mit Staunen feststellt, wie unter der Dreck- und Staubschicht etwas zu glänzen beginnt. Es sich bei den Gegenständen, die man in den Schatten ausgelagert hat, um pures Gold handelt.

In dieser Phase sackte alles theoretische Geplänkel über Gott, seine Existenz, sein Dasein für mich jäh in sich zusammen. Erwies sich als ein Luxus, den ich mir nicht länger leisten konnte. Jetzt traf mich mit aller Macht existentiell, bei der die Grundfesten meines Lebens erschüttert wurden, die brutale Erfahrung der Abwesenheit Gottes. Der Erschütterung folgte der Durchbruch zum Leben. Ich geriet ans Ende meiner Möglichkeiten, und dieser Zusammenbruch, der sich wie Sterben anfühlte, der Ego-Tod, führte mich in ein größeres Leben. Darum geht es! Ja, darum geht es: den Tod des alten Selbst, des kleinen Lebens. Im Zusammenbruch einen Durchbruch erleben (vgl. Rohr 2005,31).

Ist das der Denkzettel für meine Zweifel?

Ich frage mich natürlich auch, ob die Krankheit, die Dunkle Nacht das Zeichen war, auf das ich so lange bei meiner Auseinandersetzung mit G., ob es ihn gibt, gewartet hatte. Er mich an den Abgrund geführt hat, ja in den Abgrund gestoßen hat. Den Qualen der Unterwelt ausgesetzt hat. Ich durch meine Krankheit, meine Operation, die anschließende lange Phase großer Verzweiflung die Antwort bekam? Da könnte man zunächst auch denken: Das ist der Denkzettel für deine Zweifel. Deine Undankbarkeit. Da kümmere ich mich ein Leben lang um dich. Hüte dich wie einen Augapfel und dann das. Jetzt habe ich dir es einmal so richtig gezeigt, wohin das führt, wenn man so mit mir umgeht. Ich könnte es verstehen, wenn Gott so denken und sich entsprechend verhalten würde. Doch dann wäre er nicht der Gott, an dem ich nicht nur interessiert bin, sondern von dem ich nicht loslassen kann.

Ich kenne Menschen, die das Gott zutrauen. Die sich von ihm betrogen fühlen und sich irgendwann dann auch deshalb von ihm lossagen. Ich kann sie verstehen, und wenn es Gott gibt und man davon ausgeht, dass er allmächtig ist und je nach Lust und Laune in unser Leben eingreifen kann, dann ist das ja auch nicht die feine Art, in das Leben der Menschen hineinzufunken oder auf sich aufmerksam zu machen. Doch solche Gedankengänge führen für mich nicht weiter. Ich kann mit ihnen wenig anfangen. Auch glaube ich nicht, dass Gott es mir „zeigen" wollte, wie er mit solchen Leuten verfährt, die an ihm zweifeln und undankbar sind. Ich stehe zu meinen Zweifeln. Auch gibt es viele Gründe dafür. Ein Gott, der sie nicht aushalten kann, der gar eine billige Retourkutsche fährt, weil ihn das beleidigt, kann nur ein menschliches Produkt sein. Das ist für mich auch keine Häresie. Eine solche Unterstellung ist eine Waffe aus dem kirchlichen Arsenal und hat mit Gott nichts zu tun.

Ebenso handelt es sich bei meinem Zweifeln an Gott nicht um eine Gotteslästerung, wie Mutter Theresa befürchtet, als sie von Zweifeln an Gott heimgesucht wurde. „So viele unbeantwortete Fragen leben in mir – ich habe Angst davor, sie zu enthüllen – wegen der Gotteslästerung – wenn es einen Gott gibt, verzeih mir bitte", schreibt sie (in: Kolodiejchule 2010,221). Zugleich erwähnt sie den furchtbaren Schmerz des Verlustes, den sie in ihrer Seele fühlt, „dass Gott mich nicht will – dass Gott nicht Gott ist – dass Gott nicht wirklich existiert" (227). Es berührt mich sehr, wenn ich das lese, kann ich mich doch gut in ihre seelische Not einfühlen. Es tut mir gut, von Menschen zu wissen, die so sehr, wie das auf Mutter Theresa zutrifft, auf Gott setzen und zugleich an seiner Existenz zweifeln können.

Was aber ist geschehen, was hat sich bei mir verändert?

Ich habe gemerkt, wie relativ unbedeutend Kirche, kirchliche Lehre, ja Religionen sind, ob man jetzt katholischen, evangelischen, jüdischen Glaubens ist oder sich dem Buddhismus verbunden fühlt. Sie haben natürlich ihre Bedeutung. Doch: Ich gehöre ihnen nicht. Sie haben keinen Anspruch auf mich. Gott gehört ihnen nicht. Sie haben keinen Anspruch auf ihn. Die Kirchen bieten viele Möglichkeiten, mit Gott in Kontakt zu kommen, die ich in Anspruch nehmen kann. Ich denke zum Beispiel an die Feier der Eucharistie. Es verhält sich aber wie bei einem Weinberg oder Wein. Sie sind nicht der Weinberg. Sie sind nicht der Wein. Sie können den Weinberg pflegen, den

Wein besorgen. Entscheidend sind aber der Weinberg und der Wein selbst.

Entscheidend ist Gott. Der aber braucht keine Religionen. Der braucht auch keine Kirchen. Sie wollen helfen, sollten es zumindest tun, den Weg zu ihm zu finden. Doch Gott lässt sich durch sie nicht begrenzen, nicht von ihnen einfangen. Er lässt sich durch sie nicht stören. Auch sind sie nicht sein Sprachrohr, sosehr sie selbst das manchmal gerne von sich glauben möchten. Gott, so vermute ich, nimmt sie zur Kenntnis. Was sie tun, inszenieren, interessiert ihn vermutlich recht wenig.

Das gilt sicher auch für Kirchentage. Da interessiert ihn schon mehr der Obdachlose in der Bahnhofsmission am Würzburger Bahnhof. Auf der anderen Seite ist er natürlich da, wo man ihn hereinlässt. Seien es die Bahnhofsmission oder der Kirchentag. Bei der Bahnhofsmission hat er freilich den Vorteil, dass er im Unterschied zum Kirchentag kein Eintrittsgeld bezahlen muss und auch noch umsonst etwas zum Essen und zum Trinken bekommt. Obwohl, vermutlich würde man bei ihm sogar eine Ausnahme machen und er käme als Ehrengast umsonst herein. Wie das sicher auch bei Ex-Präsident Obama der Fall war, der vermutlich für seinen Auftritt beim Kirchentag schon für sein Kommen fürstlich entlohnt wurde. Gott täte es für umsonst.

Die Kirche muss den Platz räumen, um Gott Platz zu machen

Ich spüre einen großen Abstand gegenüber allem kirchlichen Gehabe. Ich möchte nicht länger damit zu tun haben. Möchte es hinter mir lassen. Auch weil es Gott verdeckt, einengt, verzweckt. Das „Stört die Liebe nicht" aus dem Hohelied liest sich für mich in diesem Zusammenhang wie „Funkt nicht zwischen meine Liebe zu Gott". Haltet euch da heraus! Mischt euch da nicht ein! Das geht euch nichts an. Ich stelle am Ende meiner tumultreichen Reise fest: Je mehr für mich die Kirche an Bedeutung verliert, desto klarer, reiner, unentstellter tritt mir Gott entgegen. Und das selbstverständlich. Ohne sich dafür entschuldigen zu müssen, dass es ihn gibt. Jetzt endlich überstrahlt er alles. Lässt sich nicht länger verdunkeln durch anderes und andere.

So tauche ich ein in die Wolke des Großen Geheimnisses. In die Welt, die mich umfasst und trägt. In der ich in Berührung komme mit der Kraft, die mein Leben umfasst. Die immer da ist und schon immer da war und, davon bin ich überzeugt, immer da sein wird. Was ist los mit mir? Ist das ein Rückfall? Wo sind meine Zweifel geblieben? Sie sind verschwunden, wie jenes kirchliche oder theologische Gebäude für mich entschwunden ist, in dem Gott eingesperrt wird. Um mich jetzt ungehindert von dem befreiten Gott mitnehmen zu lassen im unentwegt fließenden Strom des Lebens.

Gerade bin ich einem Prälaten begegnet auf dem Weg zum Gottesdienst. Alle sollten sehen, dass er ein Prälat ist. Also hat er die rote Schärpe angelegt. Er schaut ständig nach links und rechts, ob ihn denn auch alle sehen. Dieser Tage habe ich ein Bild vom Inneren der Peterskirche gesehen. Da wimmelte es nur so von rot angezogenen Prälaten. Wie gut ist es da, an Jesus zu denken, der in Galiläa als Wanderprediger unterwegs ist. Oder an eine Hausmesse, bei der ich die Erfahrung machen darf, „wo zwei oder drei in meinem Namen versammelt sind, da bin ich mitten unter ihnen". Dahin zieht es mich. Nicht in den Gottesdienst, in dem der Prälat jetzt vor allem sich selbst zelebriert. Auch nicht in den Vatikan oder in die Peterskirche, wo ich sicher lange nach Jesus suchen müsste. Am ehesten noch bei den Obdachlosen und in dem Waschsalon, den Papst Franziskus für sie hat herrichten lassen, damit sie dort ihre dreckige Wäsche waschen können. Eine rote Schärpe oder sonst irgendwelche Roben und Soutanen aus feinstem Stoff werden sich nicht darunter befinden.

Bei meiner Beschäftigung mit Gott, ohne dabei ständig darauf zu schauen, wie die Kirche das sieht, stelle ich fest, wie wenig Einfluss inzwischen die Kirche bei mir hat. Auch wenn sie die Oberhoheit in Sachen Gott für sich beansprucht. Tatsächlich sollte sie ja auch über niemanden Macht haben, was das Verhältnis zu Gott betrifft. Allein das für sich zu beanspruchen ist schon dreist. Das gilt umso mehr für den Anspruch, in Gottes Namen sprechen und handeln zu können. Welch eine Unverfrorenheit, zu glauben, Gott auf Erden vertreten zu können.

Ich bin ein Leben lang wie selbstverständlich davon ausgegangen, dass das so ist. Auch jetzt komme ich mir fast wie ein Häretiker vor, wenn ich das in Zweifel ziehe. Doch in dem Moment, in dem ich mich traue, endlich alle Bedenken und Zweifel zuzulassen, wird mir bewusst, wie ungeheuerlich und absurd solche Vorstellungen sind. Sich zwischen Gott und den Menschen zu stellen und so zu tun, als könne man nur über die Kirche zu Gott gelangen. Alles, was Gott an Gnadenströmen zu bieten hat, nur mit ihrer Hilfe zu erreichen ist. Sie verstellt den Weg, verlangt Eintrittsgeld, kassiert Maut, will man den Weg zu Gott weitergehen. Die Menschen lassen sich das auch noch gefallen und geben der Kirche tatsächlich diese Macht. Die sie nie hatte, nicht hat und nie haben wird. Wenn einem das bewusst wird, ist es so, als fielen einem die Schuppen von den Augen und man sähe endlich klar, was man vorher nicht gesehen hat. Um sich jetzt voller Entsetzen zu fragen: O Gott, wie konnte ich nur so lange der Kirche so viel Macht über mich geben, wo sie doch eine solche Macht über mich überhaupt nicht hat?!

Der Pfarrer, dem ich begegne, erzählt mir von den Menschen, die er begleitet. Er erwähnt dabei die Angehörigen, die einen ihnen nahestehenden Menschen verloren haben. Die große Not, der er in solchen Gesprächen begegnet. Er versucht, sie zu trösten. Deswegen sind sie zu ihm gekommen: Sie wollen getröstet werden. Sicher auch, weil er für sie mit Gott zu tun hat. In solchen Gesprächen geschieht viel Wertvolles und Hilfreiches. Auch dank der Kirchen. Sie stellen dafür den Rahmen, die Struktur, Personen zur Verfügung. Das ist wunderbar und zeigt, wie notwendig und sinnvoll Kirche sein kann.

Deswegen muss aber die Kirche nicht auch für den Himmel zuständig sein. Gar noch verbunden mit dem Anspruch, dass sie vor allem und eigentlich nur sie alleine dafür zuständig sei. Dabei geht sie davon aus, über einen besonderen Draht zu Gott zu verfügen. Daraus, so der Eindruck, den sie vermittelt und was sie auch von sich behauptet, ergeben sich besondere Rechte, gar Exklusivrechte für sie. Sie mag glauben, eine solche Sonderrolle für sich beanspruchen zu können. Es auch verstehen, es so darzustellen, als habe Gott selbst ihr diese Sonderrechte eingeräumt. Doch was soll das schon heißen? Behaupten kann das jeder. Doch Gott zu vereinnahmen ist nicht schwer, wehrt er sich doch nicht dagegen.

Es gibt freilich – für mich jedenfalls – ein Kriterium, ob etwas mit Gott zu tun hat. Das ist die Liebe. Hat etwas nicht mit Liebe zu tun, ist es mit ihr nicht in Einklang zu bringen, dann hat es ganz sicher nichts mit Gott zu tun. Mag man auch mit noch so viel Wahrheit aufwarten. Da wird es plötzlich ganz einfach. So einfach, dass es manche gar nicht aushalten können, dass es so einfach ist. Sie ziehen es daher vor, es komplizierter zu machen. Sie merken dabei nicht, dass sie, je komplizierter sie es machen, desto weiter sich von Gott entfernen.

Die Kirche darf keine Macht über Menschen ausüben. Sie darf deren Unabhängigkeit, Freiheit, nicht antasten, nicht beschränken. Sie darf sie nicht in Gefangenschaft nehmen. Sie kann sich als Ort anbieten, an dem man sich trifft, miteinander betet, Liebe „organisiert". Sie ist ein Ort, an dem man sich gegenseitig unterstützt bei der Bewältigung der alltäglichen Dinge. Hier ist man in besonderer Weise sensibel für das große Geheimnis. Macht man sich miteinander auf, in die Wolke des Großen Geheimnisses, das wir Gott nennen, einzutauchen. Dabei spielt die gemeinsame Zeit, in der man miteinander um den Tisch sitzt, man in SEINEM Namen versammelt ist, eine zentrale Rolle.

Die Gemeindereferentin erzählt von der Feier der ersten heiligen Kommunion. Von dem kleinen Jungen, der es so richtig ausgekostet hat, Jesus in seinen Händen halten zu dürfen. Sie selbst freut sich darüber, dass es ihr gelungen ist, bei den Kindern ein so positives Bild vom Herrn, wie sie sagt, zu vermitteln. Es ist alles gut gegangen, meint sie, die gut einstudierte Zeremonie ist ohne große Fehler über die Bühne gegangen. Für einige Kinder, manche Eltern, die Gemeindereferentin selbst ist das ein wichtiges Ereignis gewesen. Für mich war es damals, vor jetzt über 50 Jahren, als ich zum ersten Mal zur Kommunion ging, ein Moment, der mich tief bewegte und an den ich mich heute noch lebhaft erinnern kann. Solche Feiern und vieles andere, was in der Kirche angeboten wird, sind schön und stellen eine Bereicherung dar. Aber es ist nicht etwas, auf das man nicht auch verzichten könnte. Gott ist auch ohne diese Feiern da. Ob er da ist, hängt nicht davon ab, ob er für einen anderen da ist, seine Liebe, hängt nicht von der Taufe, der Heiligen Kommunion, der Firmung ab. Wobei ich mich, wenn ich von Gottes Liebe spreche, ganz schön weit herauslehne und etwas in die Welt setze, was ich nicht beweisen kann. So ist es besser, wenn ich nur von Gottes Dasein spreche.

Genau das ist aber der kritische Punkt. Gott als eine Kraft zu verstehen, die in sich ruht, oder als das große Geheimnis, in das ich eintauche, ist das eine. Aber Gott, der die Liebe ist und als solche liebt, muss mehr sein als „nur" ein Gott, der in sich ruht. Ein Gott, der die Liebe ist, muss sich bewegen, muss in Aktion treten, muss sich dem Menschen zuwenden. Ob das der Punkt ist, an dem Jesus wichtig wird? Das große Geheimnis, Gott, in Jesus persona(l) wird, persönlich?

Mein Blick muss sich auf Jesus richten

In der Wochenzeitung DIE ZEIT wird in einem Beitrag auf Joseph Ratzinger verwiesen, der betont, wie wichtig es sei, dass die Menschwerdung Gottes geschichtlich verankert ist und es dabei nicht um Mythen geht. Dass es Jesus gegeben hat, ist wohl sicher. Doch seine Menschwerdung als Gott? Die kann doch nicht geschichtlich verankert werden. Das kann man „nur" glauben. Mehr als je zuvor stelle ich mir die Frage, und auch das ist ein „Ergebnis" meiner „Gottesabstinenz": Haben wir Jesus entstellt, indem wir ihn so sehr erhöht haben? Haben wir ihm damit den Stachel gezogen, der uns ins Fleisch dringen sollte, damit wir uns wirklich von ihm treffen lassen? Haben wir es zu gut gemeint, indem wir ihn anbeten, verherrlichen, in der Liturgie aufgehen und zugleich mitunter untergehen lassen? Alles Fragen, die in mir auftauchen, wenn ich nicht so selbstverständlich alles mitvollziehe, was kirchlicherseits im Zusammenhang mit Jesus zelebriert wird. Und immer wieder: Machen wir uns da nichts vor, ja tanzen wir um ein goldenes Kalb, das wir irrtümlicherweise für Christus, den erhöhten Jesus, halten?

Es ist 3 Uhr in der Frühe. Mir fällt ein Text von Blaise Pascal ein, den er, auf einem schmalen Pergamentstreifen geschrieben, eingenäht in das Futter seines Rockes ständig bei sich trug. Er wurde nach seinem Tode zufällig von seinem Diener entdeckt. Was er hier niederschreibt, ist so etwas wie eine mystische Erfahrung. Ihm wird jäh bewusst, dass Gott nicht über das Denken der Philosophen und Gelehrten zu finden ist, sondern, in Anspielung auf die Erzählung vom brennenden Dornbusch (Ex 3,6), eine Erfahrung wie Feuer ist. Auf dem Zettel steht:

Jahr der Gnade 1654 Montag, den 23. November, Tag des heiligen Klemens, Papst und Märtyrer, und anderer im Martyrologium. Vorabend des Tages des heiligen Chrysogonos, Märtyrer, und anderer. Seit ungefähr abends zehneinhalb bis ungefähr eine halbe Stunde nach Mitternacht Feuer Gott Abrahams, Gott Isaaks, Gott Jakobs, nicht der Philosophen und Gelehrten. Gewissheit, Gewissheit, Empfinden: Freude, Friede. Der Gott Jesu Christi. Deum meum et Deum vestrum. Dein Gott ist mein Gott. Vergessen der Welt und aller, nur Gottes nicht. Er ist allein auf den Wegen zu finden, die das Evangelium lehrt. Größe der menschlichen Seele Gerechter Vater, die Welt kennt dich nicht; ich aber kenne dich. Freude, Freude, Freude, Freudentränen. Ich habe mich von ihm getrennt. Dereliquerunt me fontem aquae vivae. Mein Gott, wirst du mich verlassen? Möge ich nicht auf ewig von ihm getrennt sein. Das ist aber das ewige Leben, dass sie dich, der du allein wahrer Gott bist, und den du gesandt hast, Jesum Christum, erkennen. Jesus

Christus! Jesus Christus! Ich habe mich von ihm getrennt, ich habe mich ihm entzogen, habe ihn geleugnet und gekreuzigt. Möge ich niemals von ihm getrennt sein. Er ist allein auf den Wegen zu bewahren, die im Evangelium gelehrt werden. Vollkommene Unterwerfung unter Jesus Christus und meinen geistlichen Führer. Ewige Freude für einen Tag der Mühe auf Erden. Non obliviscar sermones tuos. Amen.

Ich bin baff vor Erstaunen, als ich den ganzen Text lese, den ich bisher nur in Ausschnitten kannte. Er lässt mich sprachlos und verwirrt zurück. Zugleich spüre ich meine Traurigkeit, meine Sehnsucht, Dankbarkeit. Noch macht sich keine Freude breit. Nur ganz tief unten in mir meine ich ein vorsichtiges Regen, Vortasten von Freude auszumachen. Doch was vorherrscht, sind Ruhe, Frieden, ein Gefühl von Schwere. Es sind Bereitschaft und Entschiedenheit. Wofür?

Mein Blick muss sich auf Jesus richten, will ich mit Gott weiterkommen. Auf ihn, nicht auf die Kirche, muss ich mich konzentrieren. Diese Sichtweise weckt mein Interesse an Jesus. Von ihm noch mehr zu erfahren, wie es ihm mit Gott geht. Was er mir von ihm erzählen kann. Ich bekomme einen neuen Zugang zu Jesus als einem, der mir von Gott erzählt.

Warum fällt die Kirche hier fast ganz aus? Sicher finde ich auch bei ihr so manches, was mit Jesus und seinen Erfahrungen mit Gott zu tun hat. Aber es gibt bei ihr so vieles an Einstellungen, Verhaltensweisen, Unstimmigkeiten, die nichts mit Gott zu tun haben. Angefangen von den klerikalen Männern, die sich zwischen Gott und den sogenannten Laien aufbauen und durch ihr Machtgehabe den Blick auf Jesus, auf Gott, verdunkeln. Ich respektiere sie, wenn sie sich anständig benehmen, sich nicht für etwas Besseres halten, kein

Anspruchsdenken an den Tag legen. Doch sie haben keine Macht über mich, üben keinen Einfluss bei mir aus, haben mir nichts zu sagen. Sie haben mit Jesus und Gott nicht mehr und nicht weniger zu tun als jeder und jede andere auch. Mich eingeschlossen.

Ich freue mich darauf, mich mit Jesus und seinen Erfahrungen mit Gott zu beschäftigen. Ich sehe darin die Chance, ihn neu zu entdecken. Bei meinem Aufenthalt in Tabgha am See Genezareth war ich ihm ja schon einmal „nahe". Da kann ich wieder anknüpfen. Ich will gut, aufmerksamer als bisher, hinhören, was er mir durch die Schriften zu sagen hat. Doch die Frage bleibt: Wie stoße ich dort tatsächlich auf ihn?

Vieles von dem, was ich bisher von ihm und seinen Erfahrungen mit Gott gehört habe, werde ich auf die Seite legen müssen. Es ist das, was man in der Philosophie als Epoché bezeichnet, und meint, allen vorgefassten Urteilen die Geltung zu entziehen, um damit die Voraussetzungen zu schaffen, vorurteilsfrei den Gegenstand, die Person, um die es geht, kennenlernen, betrachten, vielleicht sogar erkennen zu können. Ob mir diese Zurückhaltung und Enthaltung gelingen wird? Vor allem aber: Wie will ich das anstellen? Wie erfahre ich wirklich etwas über seine Erfahrungen mit Gott, sein Verhältnis zu ihm? Seine Erfahrungen. *Sein* Verhältnis! Die biblischen Texte selbst sind ja schon Interpretationen, „Verfälschungen". Andere würden sagen, es sind Versuche, über Erzählungen, Ausschmückungen auszudrücken, was durch bloße Informationen, die über die Nennung von Fakten nicht hinausgehen, nicht ausgedrückt werden kann.

Manchmal denke ich, ich sollte meinen alten Professor aufsuchen, der mich als Student auf eine kritische Weise mit der Bibel vertraut gemacht hat und der zugleich auch sich viel mit dem jüdischen Glauben beschäftigt hat. Mir von ihm erzählen lassen, was er von Jesu Erfahrungen mit Gott weiß. Doch bringt mich das weiter? Ist das der Weg, über den ich vom Gott Jesu mehr erfahren kann? Auch habe ich mir überlegt, was Jesus vom Alten Testament kannte. Die Antwort auf diese Frage, die mir mein Freund Klaus, Experte für Altes und Neues Testament, darauf gibt, fällt recht ernüchternd aus. Den Text des Alten Testaments, den wir heute kennen, kannte er jedenfalls nicht, es sei denn, er ist der griechischen Sprache mächtig gewesen, was aber wohl eher nicht zutrifft. Vermutlich kannte er lediglich die wichtigsten Texte wie die fünf Bücher Mose, ein paar Propheten und ein paar Psalmen, die er, so mein Freund Klaus, von Papa Josef gelernt hat. Auch hatte er sicher nicht eine eigene Bibel zu Hause und selbst wenn: *den* kanonischen Text gab es zu seiner Zeit nicht.

Was auch immer er vom Alten Testament davon kannte, es muss wichtig für ihn gewesen sein. Was er da gelesen hat, muss ihn, sein Verständnis von Gott, Jahwe, stark mitgeprägt haben. Zugleich muss er tief in sich einen Ruf verspürt haben, der ihn dazu motiviert hat, zu denken, was er gedacht hat, und zu tun, was er getan hat. Oder: Was er in sich als Bestimmung gespürt hat, sah er in den ihm zur Verfügung stehenden Texten bestätigt.

Ich bin, wenn ich das alles bedenke, wieder etwas verzagter. Ich spüre eine Leere in mir. Was nützt es mir, so frage ich mich, wenn ich mehr über die Erfahrungen Jesu mit Gott weiß. Natürlich schon einmal, dass es für ihn – selbstverständlich – Gott gibt. Davon ist zumindest auszugehen. Doch wissen wir's? Jedenfalls war für den Jesus, von dem wir in den Schriften hören, Gott die entscheidende Wirklichkeit seines Lebens. Seine Beziehung zu Gott war so innig, dass er sich offensichtlich sogar mit ihm identifizierte. Ob er sich da in etwas

190

hineingesteigert hat, kann ich nicht beurteilen. Ich bin es im Augenblick überdrüssig, über alles das nachzudenken. Vorher war alles so klar. Jetzt ist es richtig kompliziert. Es bringt mich durcheinander. Ich bin durcheinander. Ich würde es am liebsten aufgeben und in den alten Modus zurückgleiten, als die innere Gewissheit vorherrschte, dass Gott da ist.

Gott, der war, ist, sein wird. Ja, ja, schon und gerne auch der Gott Abrahams, Isaaks und Jakobs. Und dann natürlich, ohne jede Einschränkung, der Gott Jesu, der in Galiläa gelebt und gewirkt hat. Wobei Jesus angesichts Gottes nicht mehr ist als ein Tropfen im Meer. Freilich in ihm etwas von Gott auf eine nie da gewesene Weise aufgeschienen ist. Gott, den Jesus im Johannesevangelium (14,28) Vater nennt, zu dem er geht und, so Jesus, „der größer ist als ich".

Ich wache auf, während in mir Worte von Romano Guardini auftauchen und ich das, was sie sagen, gerade erlebt habe und noch erlebe:

Unser ganzes Leben sollte der Ewigkeit Nachbar sein.
Immer sollte in uns die Stille sein,
die nach der Ewigkeit hin offen steht und horcht.

Stille sein. Einfach nur still sein. Alles Denken und Reden auf die Seite legen. Auch das Reden mit Gott. Die Augen schließen. Nach innen gehen. Da sein. Im Bewusstsein der Nachbarschaft des Ewigen. Vielleicht sollen wir wie Jesus einfach nur sensibel sein für die Nachbarschaft des Ewigen – des Ewigen? – und darauf lauschen, was das Ewige, der Ewige, uns zu sagen hat? Es ist und bleibt unfassbar und letztlich auch unglaublich, dass es da einen gab, der sich so sehr vom Ewigen angesprochen fühlte, dass er glaubte, sein Sohn zu sein, der zum Vater geht, der viel größer ist als er.

Selbstverständlich gibt es Gott nicht

Bei mir ist, was Gott und die Auseinandersetzung damit betrifft, ein Stillstand eingetreten. Es ruht. ER (?) ruht in mir. Ich bin mir unsicher, was Gott, was die Kirche betrifft. Bin ich tatsächlich einem großen Schwindel aufgesessen? Ich verstehe jetzt noch mehr als zuvor Thomas Merton, wenn er sich manchmal fragt, ob Gott nicht ganz woanders ist, als wir es glauben oder vermuten. Wir, ich, die Kirche glauben, ihn fassen, „einfangen" zu können. Er aber ganz woanders ist. Vor allem aber außerhalb der Kirche nicht weniger – vielleicht sogar noch mehr – da ist.

Selbstverständlich gibt es Gott nicht. So selbstverständlich, wie ich es bisher geglaubt habe, gibt es Gott jedenfalls nicht. Auch gibt es ihn nicht selbstverständlich; da gibt es viele Fragen. Ganz abgesehen davon, dass es ihn natürlich nicht so gibt, wie es zum Beispiel einen Wald oder ein Haus gibt. Was den Schwindel betrifft, dem wir vielleicht aufgesessen sind, meine ich damit vor allem die Kirche, die so selbstverständlich Gott für sich in Anspruch nimmt. Ist er, wenn es ihn gibt, vor allem dort zuhause? Wir wissen es nicht. Wir tun aber auf alle Fälle gut daran, nicht selbstverständlich davon auszugehen. Einmal, dass es ihn gibt. Dann auch, dass er in der Kirche – vor allem oder überhaupt – da ist. Je mehr wir das tun, haben wir eine Chance, die Erfahrung zu machen, dass es ihn gibt, vielleicht sogar in der Kirche.

Ich kann nicht mit dem Kopf entscheiden, ob ich an Gott glaube oder nicht. Ich kann nur sagen, feststellen, wahrnehmen, was mich „trägt". Ich fühle mich umfangen von einer Kraft, von der etwas ausgeht, das mich gelassen sein lässt. Diese Kraft, so erlebe ich es jedenfalls, ist nicht ein Es, eine anonyme Kraft. Sie ist – ich getraue es mich fast nicht auszusprechen – reine Liebe. Nichts als Liebe. O Gott, ich kann es nicht glauben!

Gibt es keinen Gott, kann man sich viele Überlegungen und Spekulationen ersparen, die man anstellt, solange man glaubt, dass es Gott gibt. Ich denke etwa an die vielen Ungereimtheiten im Leben und auf der Welt, für die man Gott verantwortlich macht. Geht man davon aus, dass es Gott nicht gibt, kann man auf alle diese Spekulationen verzichten. Oder wir akzeptieren, dass es ihn nicht so gibt, wie wir ihn uns vorstellten oder vorstellen wollen, dass es ihn gibt.

Das ist das eine. Das andere ist, dass sich in uns, in mir das Verlangen meldet, mich auszustrecken nach, ja nach was …? Dieses Verlangen ist einfach da. Für mich ist es das Verlangen nach G., nach Gott. Ich vermisse in diesen Momenten die innige Beziehung zu Gott. Möchte dann gerne mit ihm reden, spüre aber zugleich auch eine Zurückhaltung. Ich frage mich: Mache ich mir da nicht etwas vor? Ich will diese Unsicherheit, dieses Zögern mehr als bisher aushalten. Auch weil ich mir nichts mehr vormachen will. Andererseits will ich mich nicht von einer Quelle abschneiden, die nährend und tröstend für mich sein kann oder sein könnte. So lasse ich ihn auf alle Fälle bei mir herein. Also versperre ich mich nicht grundsätzlich gegenüber dieser Quelle, lasse aber meine Zurückhaltung zu, wenn sie sich meldet. Da hat sich gegenüber früher etwas verändert. Wenn eine „Stimme", ein Gefühl mir sagen, sei jetzt einfach nur stille und warte, folge ich ihnen. Spüre ich den Impuls, alle Vorbehalte einfach hinter mir zu lassen und in Kontakt mit Gott zu treten, mit ihm zu reden, folge ich ihm. Und es ist mir dann egal, ob es dann nur mein Selbst ist, mit dem ich rede. Oder aber – wer weiß es schon? – am Ende doch Gott.

Das ist der Augenblick, an dem ich mich meinem Verlangen, ja meiner Sehnsucht, mich auf Gott auszurichten, überlasse. Einem Sehnen, das dann einfach da ist. Das ich vor niemandem rechtfertigen muss und es auch nicht tue. Auch nicht vor mir selbst. Ein Sehnen, das ich aber auch nicht länger bremsen will. Weil es einfach da ist. Sich aus meiner Tiefe heraus formt und danach verlangt, vollzogen und vollendet zu werden.

So folge ich jetzt dem Impuls, mich, mein Leben, ganz, Gott, DIR, meinem Gott, zu überlassen. In meinem Herzen formen sich die Psalmworte: „Ich darf dich wieder preisen, meinen Heiland und meinen Gott." Ich kann und ich will mich nicht länger zurückhalten. Ich traue der Sehnsucht in mir, die sich verzehrt in der Liebe zu Gott. Die nach DIR schreit. Nicht aus Not, aus Angst heraus. Sondern weil DU zu mir gehörst. Ich ohne DICH nur halb bin. So will ich gegen alle intellektuellen Einwendungen meiner Seele Folge leisten. Selbst wenn ich falschliegen sollte. Meine Sehnsucht aber ist nicht falsch. Sie ist echt. Da gibt es für mich keinen Zweifel.

Andacht vor dem Ewigen

Hermann Hesse spricht einmal von der „ungestörten Andacht vor dem Ewigen". Ich lasse diese Worte in mir nachklingen. Ungestörte Andacht vor dem Ewigen. Darin kommt auch meine Haltung vor dem Ewigen, G., Gott, zum Ausdruck. Diese Andacht kann auf vielfältige Weise geschehen. In der innigen Begegnung mit der Natur; im Innehalten, wenn ich die Augen schließe und die Reise nach innen antrete. Diese Andacht erfahre ich bei einem Gottesdienst, der mich aufschließt und empfänglich stimmt für das Transzendente, das hier eingekleidet wird in vertraute Formen, Rituale der Religion, mit der ich aufgewachsen bin, die mich zum Teil auch geprägt haben und mir auch ein Gefühl von Zugehörigkeit und Geborgenheit vermitteln.

Ich möchte mich ungestört der Andacht des Ewigen hingeben. Mich so lange dieser Andacht hingeben, bis es weh tut. Meint es doch auch, mich aufzugeben. Dass mein Ego dabei immer kleiner, mein Selbst, G., DU, immer größer werden. Das ist nicht leicht. Doch ich will mich immer mehr in diese Bewegung begeben. Weil ich überzeugt bin, dass alleine sie mich in die Richtung führt, die mich an mein Ziel bringt, mich am Ende mit der ersehnten Erfüllung beschenkt.

Gott, den ich erahne in der Anbetung vor dem Allerheiligsten. Die Stille in mir, die mich empfänglich sein und bleiben lässt für die Nachbarschaft des Ewigen. Da ist sie wieder, die Scheu, über Gott zu reden. Als gehörte sich das nicht. Als entfernte ich mich dadurch von Gott. Unterbräche ich die Beziehung zu ihm. Machte ich ihn zum Objekt. Störte die Liebe. Also verweile ich noch für einen Moment in der bewussten Hinwendung zu IHM, nein, zu DIR.

So ist es am schönsten, wenn Gott einfach da ist. Ich ihm keine besondere Aufmerksamkeit schenken muss. Ich mich auch nicht an ihn wenden muss, da er längst schon da ist. Ich höre ihn, wie er mir zuflüstert: Wie konntest du auch nur einen Augenblick lang daran zweifeln, dass ich da bin? Ich bin da. Rechne mit mir! Ich muss lächeln, wenn ich mir vorstelle, dass DU mich anschaust, so zu mir sprichst. Nur lächeln und in diesem Lächeln verbleiben. So will ich DIR begegnen. Ich will DIR wirklich begegnen. Von Aug zu Aug. „Ich will dich retten, über dir wacht mein Auge (Ps 32). Es berührt mich, wenn ich das lese und bete: „Über dir wacht mein Auge." Ja, wache über mir. Richte DEIN Auge auf mich. Dann werde ich leben.

Frieden kehrt bei mir ein. Ich habe den Tag mit einem Bekreuzigen begonnen. Schon lange habe ich das nicht mehr getan.

Jetzt habe ich es ohne langes Überlegen einfach getan. Einem inneren Impuls folgend. Warum sollte ich mich – länger – dagegen wehren? Vielleicht ist die Zeit des Nachdenkens über Gott, Jesus, Christus, zu einem Ende gekommen. Geht es jetzt darum, einfach ohne großes Warum mein Leben zu leben. Die überschaubare Zeit, die mir nach menschlichem Ermessen noch bleibt, einfach zu leben. Was Gott betrifft, einfach geschehen zu lassen, was sich von selbst ergibt. Wie es mir heute ergangen ist. Ich aufwache und den Impuls verspüre, mich zu bekreuzigen.

Ich überlasse mich dabei einfach dem Impuls, der mich dazu auffordert, das zu tun. Ich würde mir selbst gegenüber unwahrhaftig, würde ich es lassen. Der Impuls kommt aus meinem Innersten. Da gibt es noch einmal etwas Anderes, ganz Anderes, einen ganz Anderen. Ich weiß es nicht genau, auch nicht annähernd, was das ganz Andere, der ganz Andere ist. Aber etwas in mir streckt sich danach aus. Wird davon angezogen. Will sich damit verbinden. Dem kann und will ich mich nicht verschließen. Auch weil ich merke, dass ich in dieser Hinwendung und durch sie mehr ganz werde. Sich bei mir etwas „abrundet". Was ohne diese Hinwendung und dem, was sie mit mir macht, unausgefüllt, unabgeschlossen bleiben würde.

Auch wenn ich jetzt ans Ende meiner Reise gekommen bin, das Zweifeln und Fragen kaum mehr eine Rolle spielen, geht es natürlich weiter. Da mache ich mir nichts vor. Es wird wieder Situationen geben, in denen mein Glaube ins Straucheln kommen kann. Aber mein Warten wird ein anderes Warten sein. Ein Warten, bei dem ich weiß: Auch wenn ich meine, er ist nicht da, weiß ich zugleich, natürlich bist DU da. Wie DU immer da warst, auch bei allem, was ich an Schrecklichem erlebt habe. DU hast DEINEN Platz vor meiner Tür nicht verlassen. DU bist in den Zeiten, in denen es mir am schlimmsten erging, immer wieder bei mir eingekehrt. Hast DICH da niedergelassen, wo es am meisten weh tat. Hast dort als Shekinah vor allem DEINE frauliche, zärtliche, liebevolle, fürsorgliche Seite obwalten lassen. Auch wenn ich das in diesen Momenten oft nicht gespürt habe. Und DU wirst da sein. Bis zum Schluss.

In einem Traum der vergangenen Nacht taucht in einem Raum, in den ich mich zurückgezogen, ja versteckt habe, Pater Anselm Grün auf. Zunächst fühle ich mich wie ertappt. Doch er breitet liebevoll seine Arme aus, umarmt mich und drückt mich an sich. Er sieht aus wie der barmherzige Vater auf dem Bild von Rembrandt, der seinen verloren geglaubten Sohn begrüßt. Ich erfahre pure Liebe. Gott. Der die Liebe ist. Der Traum, das, was mir über ihn geschenkt wird, wird für mich zu einem Sakrament, bei dem ich Gottes Liebe, seine Barmherzigkeit erfahren darf. Es ist vergleichbar einem Gottesdienst. Was sich hier im Traum vollzieht, drückt auf die einfachste und selbstverständlichste Weise aus, worum es bei der Spendung eines Sakramentes geht: die Nähe Gottes, seine Liebe, zu erfahren.

Nichts soll mich stören
Nichts
Nur DU Unsagbarer
DU
sollst mich stören
„Stört die Liebe nicht"

Eintauchen in die Wolke des Großen Geheimnisses und mich umfangen lassen von grenzenloser Liebe – Gott. Es ist nicht nur ein Warten, ein Ausharren, dass da etwas kommt, Gott sich meldet. Eher manchmal ein Stillesein in SEINER Gegenwart. Wie es Romano Guardini sagt. Er spricht von der Stille, die in jedem von uns ständig präsent sein sollte. Sie ist in besonderer Weise empfänglich für die unerschütterbare und unzerstörbare Nachbarschaft des Ewigen, die wir nie aus dem Blick geraten lassen sollten. Die Stille macht es möglich, die Nachbarschaft des Etwaigen zu erahnen. In ihr und aus ihr heraus entsteht unsere Sehnsucht nach dem Ewigen. Bis dahin, dass wir uns irgendwann einfach dieser Sehnsucht überlassen. Uns von ihr verlocken lassen und in die Wolke des Großen Geheimnisses eintauchen. Wir uns von dieser Wolke umhüllen lassen und dabei das Tremendum et Fascinosum, das Heilige, erfahren dürfen. Das alles kann geschehen, und da und dort geschieht es auch. Doch über allem steht die Erfahrung grenzenloser Liebe, die dem entgegenströmt, der eintaucht in die Wolke des großen Geheimnisses. Der sich bedingungslos der großen Liebe, Gott, überlässt.

Loslassen
Untergehen
Überlassen
Der Ewigkeit lauschen
In Gott sein

Er war, ist und wird sein. Ich bin in ihm – war in ihm – und werde in ihm sein. Ich kann so tun, als habe ich nichts mit ihm zu tun. Oder ich kann dazu stehen, dass ich sehr wohl etwas mit ihm zu tun habe, ich in ihm bin. Ich kann ganz unaufgeregt feststellen: Ich bin in Gott. Um dann vielleicht nicht mehr ganz so unaufgeregt zu sagen: Du bist in mir.

Hat das alles einen Sinn gemacht?

Hat das alles jetzt einen Sinn gemacht? Wie ist das mit der Verwandlung? Manchmal will ich es mir nicht zugestehen, aber

wenn ich ehrlich bin, dann meine ich schon Veränderungen feststellen zu können. Wie wenn ich in eine tiefere Erlebnisschicht
eingetaucht bin, die mich mein Leben mit ganz anderen Augen
sehen und erleben lässt. Was also hat sich bei mir verändert?

Bei der Dunklen Nacht, so lese ich, handelt es sich um eine
Liebesaffäre zwischen Gott und dem Menschen mit dem Ziel,
uns noch liebesfähiger zu machen. Trifft das auch auf mich
zu? Spontan fällt mir da ein: Ich bin großzügiger geworden.
Anderen und mir selbst gegenüber. Es macht mir noch mehr
Freude, anderen eine Freude zu bereiten. Der Zeitungsfrau
rufe ich nach, „einen Moment, ich will Ihnen endlich einmal
ein kleines Trinkgeld geben, dass Sie jeden Sonntag so treu die
Sonntagszeitung bringen". Ich kann mehr loslassen, vor allem
Bedenken, dass wir uns dieses oder jenes nicht leisten können.
Oder auch Sorgen und Ängste, was die Zukunft betrifft, wie
jemand reagieren mag, wenn ich etwas zu beanstanden habe.
Ich wage mehr, probiere Dinge einfach aus. Gehe einfach auf
jemanden zu, wo ich vielleicht früher gezögert hätte. Ich schi-
cke einen Beitrag zur Veröffentlichung ein, auch wenn es nicht
sicher ist, dass er angenommen wird.

Ich bin freier geworden, erfahre mich als befreit von Vor-
behalten, die ich früher kannte und die mich davon abhielten,
zu tun, was ich eigentlich tun wollte. Auch befreit von einem
strengen Über-Ich, das mir die Freude am Leben, am Genießen
vermiesen möchte. Ja, das ist eine ganz entscheidende Ver-
änderung: Ich räume den Lebensbremsern nicht länger die
Macht ein, die sie einst über mich hatten. Ich meine damit die
Schuldgefühle, die überall Stoppschilder anbringen, „Nein"
sagen, die Erfüllung von Wünschen und Sehnsüchten ver-
eiteln, weil sie sie schlechtreden.

Überhaupt gehe ich den Tag und mein Leben an sich entspannter an. Ich kontrolliere mein Leben nicht mehr so wie

früher. Lasse vieles einfach laufen, entstehen, sein. Vieles ist mir egal. Nicht dass ich kein Interesse daran habe, etwas mitzugestalten oder zu erreichen. Aber ich verfolge es nicht verbissen, kann gut oder besser, als das früher der Fall war, damit leben. Ich weiß das Leben auf eine vertiefte Weise zu schätzen. Die Tage und Wochen fliegen nicht mehr so dahin. Jeder Tag, manchmal auch jede Stunde werden zu einem besonderen Ereignis. Erhalten Gewicht. Oft begrüße ich den neuen Tag und gehe dazu auf die Terrasse, breite die Arme aus und bin einfach dankbar. Endlich beginne ich das Leben zu leben, das ich immer schon leben wollte. Ein Leben, das nicht am Leben hängt. Deswegen auch nicht länger hängenbleibt. Sondern lebt. Dem Leben folgt, wohin es mich führen will.

Ich habe auf alle Fälle eine zweite Chance bekommen. Die nutze ich, so gut ich kann. Diese Chance zeigt sich darin, dass ich viel weniger als bisher mein Leben am Zügel halte. Ich bin, versuche es zumindest, mehr da, um die anderen zu sehen, und nicht so sehr, um gesehen zu werden. Ich freue mich am Erfolg der anderen. Ich bin darauf aus, dass es ihnen gut geht. Sie im Mittelpunkt stehen. Ihnen eine Überraschung zu bereiten. Das aber ist unendlich bereichernd und befriedigend. Je mehr mir das gelingt und ich dabei erfahre, wie viel schöner das ist, als um sich selbst zu kreisen, entwickelt sich eine Dynamik, bei der immer mehr von dem abfällt, was mich bisher mehr mich als die anderen sehen ließ. Ist das der Heilige Geist? Wenn du das Gefühl hast, befreiende Fluten durchströmen dich. Du in dir eine dich belebende Dynamik spürst. Eine fließende Bewegung. Leichtigkeit. Leise Freude.

Ich lasse alle Sorgen hinter mir.
Alles, was mich nachdenklich stimmen will, hat keinen Einfluss auf mich.
Ich lasse mich nicht davon beeinträchtigen.
Was immer geschieht, geschieht.
Ich überlasse mich Gott.
DIR

Ich habe schon lange nicht mehr, vielleicht sogar noch nie so wesentlich gelebt wie jetzt. Ich lebe in meiner Tiefe und aus meiner Tiefe heraus. Es kommt mir vor, als lebte ich zum ersten Mal im vollen Bewusstsein der nahezu unmittelbar neben mir harrenden Nachbarschaft des Ewigen. Jedes Wort ist da zu viel. Stört einfach nur. Einatmen. Ausatmen. In der Gegenwart sein. In DEINER Gegenwart. Einatmen. Ausatmen. Einfach nur sein.

Ich muss, nein, will DIR einfach vertrauen. Mich DIR überlassen. Was auch immer geschieht. Was ich gerade erlebe, ist ein Geschenk. Ich kann das tun, weil ich das, was im Augenblick in meinem Leben geschieht, auf dem Hintergrund dessen sehe, wie bis jetzt mein Leben gelaufen ist und welche Rolle DU dabei gespielt hast. Dass ich das Geschenk DIR verdanke. Daran habe ich keinen Zweifel. Ich will mich dessen als würdig erweisen. Ich nehme es an. Ich bin davon überzeugt, dass es mich weiterbringt. Was auch immer das heißen mag. DU bist die Fülle. Nur DU schenkst mir Fülle. Leben, mein Leben, aus-leben. Ganz. Nicht nur halb und halb-herzig. Mit meinem ganzen Herzen. Endlich. Damit aber auch Gott ganz leben. Aus-leben. Aus-schöpfen. Ganz Wirklichkeit werden lassen.

Ich denke oft gar nicht an Gott. Vielleicht auch deshalb, weil er einfach da ist. Ganz unaufgeregt. Und ich ihn deshalb nicht vermisse. Dann scheint er wieder zu schlafen. Was natürlich Unsinn ist. Ich schlafe. Ich bin schläfrig. Gott macht sich nur nicht bemerkbar. Das hat er auch nicht nötig. Was ich tun kann, ist, innerlich wach für ihn zu sein.

Jetzt höre ich auf zu überlegen, mir etwas vorzunehmen, zu räsonieren usw. Jetzt überlasse ich mich einfach DIR, der für mich nicht länger G., sondern Gott ist. DEN ich wieder gefunden habe.

„… ich bin doch beständig bei DIR, DU hast meine Rechte ergriffen", heißt es in Psalm 73,23. Dieser Vers findet sich auch auf dem Grabstein von Martin Buber. Psalm 73 zählte zu seinen Lieblingspsalmen. Er erzählt eine Lebens- und Gotteskrise und damit auch meine Lebens- und Gotteskrise. Ihn kann ich ohne Einschränkung beten. Also mache ich es. Jetzt gibt es keine Zweifel, keine Fragen mehr. Jetzt gibt es nur noch ein Mich-Überlassen, bei dem alles um mich herum, aber auch alles in mir bedeutungslos wird. So spreche, ja bete ich Psalm 73 (23–27):

Aber ich bin doch beständig bei DIR,
DU hast meine Rechte ergriffen.
DU leitest mich nach DEINEM Ratschluss,
danach nimmst DU mich auf in Herrlichkeit.
Wen habe ich im Himmel außer DIR?
Neben DIR erfreut mich nichts auf Erden.
Mag mein Fleisch und mein Herz vergehen,
Fels meines Herzens und mein Anteil ist Gott auf ewig.
Denn siehe: Die fern sind von DIR, gehen zugrunde,
DU vernichtest alle, die DICH treulos verlassen.
Ich aber – Gott nahe zu sein, ist gut für mich,
ich habe GOTT, den Herrn, zu meiner Zuflucht gemacht.
Ich will erzählen von all DEINEN Taten.

Komm, wir gehen.
Wir können nicht.
Warum nicht?
Wir warten auf Godot.
„Ach ja."

(Dialog zwischen Estragon und Wladimir, aus:
Samuel Beckett, Warten auf Godot)

Literatur

Regina Bäumer/Michael Plattig (Hg.): „Dunkle Nacht" und Depression. Geistige und psychische Krisen verstehen und unterscheiden, Ostfildern 2008

Samuel Beckett: Warten auf Godot. Aus dem Französischen von Elmar Tophoven © Suhrkamp Verlag Frankfurt am Main 1971

Dietrich Bonhoeffer: Widerstand und Ergebung. Briefe und Aufzeichnungen aus der Haft, hrsg. von Gremmels u. a., München 1998

Martin Buber: Nachlese, Heidelberg 1965

Eberhard Busch: Meine Zeit mit Karl Barth. Tagebuch 1965– 1968, Göttingen 2011

Hilde Domin: Gesammelte Gedichte, Frankfurt am Main 1987

Viktor E. Frankl: Der unsichtbare Gott. Psychotherapie und Religion, München 2015

Gotthard Fuchs: Dableiben im Verschwinden, in: Christ in der Gegenwart Nr. 17, 2017, S. 179

Ottmar Fuchs: Wohin wir gehen werden, Kevelaer 2017, in: Christ in der Gegenwart Nr. 19, 2017, S. 299

Hans-Georg Gadamer: Gedicht und Gespräch, Frankfurt am Main 1992

Gerhard Gnauck: Polens Priester, in: FASZ vom 19. Mai 2019, S. 20

Tomas Halik: Die Biosphäre des Lebens, in: Christ in der Gegenwart Nr. 34, Freiburg i. Br. 2016

Christian Heidrich: Nichts ist gewöhnlich, in: Christ in der Gegenwart Nr. 16, 2017, S. 173

Jens Jessen, Gott in Auschwitz, in: DIE ZEIT Nr. 7, 9. Februar 2017

Carl Gustav Jung: C. G. Jung. Mensch und Seele, hrsg. von Jolande Jacobi, Olten 1971

Carl Gustav Jung: Bewusstes und Unbewusstes, Frankfurt am Main 1972

Brian Kolodiejchule (Hg.): Mutter Theresa. Komm sei mein Licht, München 2010

Karl Lehmann: Mit langem Atem. Wege, Erfahrungen, Einsichten. Der Kardinal im Gespräch mit Markus Schächter, Freiburg i. Br. 2016

Carlo M. Martini: Dem Leben Jesu auf der Spur, Freiburg i. Br. 2017

Gerald G. May: The Dark Night oft he Soul, San Francisco 2003

Wunibald Müller: Ich wage mich in meine Dunkelheit. Der Depression begegnen, Münsterschwarzach 2009

J. Philip Newell: Echo of the Soul. The Sacredness of the Human Body, Norwich 2000

Henri Nouwen: Nachts bricht der Tag an, Freiburg i. Br. 1989

Rosemarie Nürnberg: Ergriffen von Gott. Exerzitien mit Madeleine Delbrel, München 2017

Karl Rahner: Das große Kirchenjahr. Geistliche Texte, hg. von Albert Raffelt, Freiburg i. Br. 1990

Joseph Ratzinger: Einführung in das Christentum, München 2005

Rainer Maria Rilke: Gesammelte Werke. Die Gedichte, Frankfurt am Main 1986

Richard Rohr: Dem Wunder begegnen. Ein Begleiter auf dem Weg nach Ostern, Freiburg i. Br. 2012

Richard Rohr: Endlich Mann werden, München 2005

Ronald Rolheiser: Sacred Fire, New York 2014

Jens Schröter: Nehmt, esst und trinkt. Das Abendmahl verstehen und feiern, Stuttgart 2010

David Steindl-Rast: Ich bin durch dich so ich, Münsterschwarzach 2016

Henry David Thoreau: Aus den Tagebüchern 1837–1861, hg. von Susanne Schaup, Oelde 1996

Paul Tournier: Zuhören können, Freiburg i. Br. 1986

Lorenz Wachinger: An dir, Du, berge ich mich. Worte, Schreie und Gebete aus den Psalmtexten von Martin Buber, Stuttgart 2010

Lothar Zenetti: Die wunderbare Zeitvermehrung, München 1993

Jörg Zink: Deine Wege werden kürzer – Fürchte dich nicht!, Ostfildern 2016